# 人力资源管理理论与模式研究

王登英 闫智鹏 邹海天 ◎著

中国出版集团

中译出版社

图书在版编目（CIP）数据

人力资源管理理论与模式研究 / 王登英, 闫智鹏,
邹海天著. —— 北京：中译出版社, 2023.11
ISBN 978-7-5001-7600-8

Ⅰ.①人… Ⅱ.①王… ②闫… ③邹… Ⅲ.①人力资
源管理—研究 Ⅳ.①F243

中国国家版本馆CIP数据核字(2023)第211102号

人力资源管理理论与模式研究

RENLI ZIYUAN GUANLI LILUN YU MOSHI YANJIU

著　　者：王登英　闫智鹏　邹海天
策划编辑：于　宇
责任编辑：于　宇
文字编辑：薛　宇
营销编辑：马　萱　钟筏童
出版发行：中译出版社
地　　址：北京市西城区新街口外大街 28 号 102 号楼 4 层
电　　话：（010）68002494（编辑部）
邮　　编：100088
电子邮箱：book@ctph.com.cn
网　　址：http://www.ctph.com.cn

印　　刷：北京四海锦诚印刷技术有限公司
经　　销：新华书店
规　　格：787 mm×1092 mm　1/16
印　　张：11.75
字　　数：275 千字
版　　次：2023 年 11 月第 1 版
印　　次：2023 年 11 月第 1 次

ISBN 978-7-5001-7600-8　　　定价：68.00 元

# 前　言

在经济全球化和知识经济时代背景下，企业面临诸多机遇、风险和挑战，能否培育独特的核心竞争力是其在复杂经济环境中生存与发展的关键。我国企业已越来越重视人力资源管理工作，以期通过引进和培养人力资源管理专业人才、改革人力资源管理模式来提升企业的竞争力。但是目前来看，当下大多数企业在人力资源管理上或多或少存在管理理念滞后、管理人员不足等问题，因此应该努力对现有的人力资源管理模式进行研究和优化，以此来提升管理水平。

本书对人力资源管理的诸多方面进行了研究。首先，从人力资源管理的基本内涵入手，分析了人力资源的概念界定、发展历程、理论依据、角色定位及职责。其次，从人力资源规划、工作分析两方面分析了人力资源管理的基础性工作，并从员工招聘、员工培训与开发、员工绩效管理、员工薪酬管理、员工职业生涯管理等方面分析了人力资源管理的职能性工作。再次，对人力资源管理中的风险管理与防范进行了探讨。从次，从人力资源管理信息化概述、人力资源管理信息化系统开发与维护、人力资源管理信息化的优化途径探索、基于大数据的人力资源管理信息化建设方面分析了人力资源管理的信息化模式发展。最后，探讨了战略性人力资源管理模式的实施。

本书在写作过程中力求理论丰富、紧跟时代、指导实践，不仅分析现代企业人力资源管理的理论基础，阐述人力资源管理具体实践中存在的风险及防范方法，还紧密联系时代发展探索人力资源管理的信息化发展模式以及战略性人力资源管理模式的实施。希望本书能够对现代企业人力资源管理工作的开展提供准确有效的指导。

在本书的写作过程中，笔者参考借鉴了诸多相关的文献资料，在此向其作者表示衷心的感谢，同时对在本书成书过程中给予帮助和支持的亲朋好友表示感谢。由于精力与水平所限，书中难免出现不妥和疏漏之处，恳请广大读者予以批评指正，笔者不胜感激。

作　者

2023 年 3 月

# 目　录

第一章　人力资源管理的基本内涵 …………………………………… 1

　　第一节　人力资源管理的概念界定 ………………………………… 1

　　第二节　人力资源管理的发展历程 ………………………………… 11

　　第三节　人力资源管理的理论依据 ………………………………… 14

　　第四节　人力资源管理的角色定位及职责 ………………………… 23

第二章　人力资源管理的基础性工作 ……………………………… 28

　　第一节　人力资源规划 ……………………………………………… 28

　　第二节　工作分析 …………………………………………………… 44

第三章　人力资源管理的职能性工作 ……………………………… 61

　　第一节　员工招聘 …………………………………………………… 61

　　第二节　员工培训与开发 …………………………………………… 68

　　第三节　员工绩效管理 ……………………………………………… 73

　　第四节　员工薪酬管理 ……………………………………………… 79

　　第五节　员工职业生涯管理 ………………………………………… 87

第四章　人力资源风险管理研究 …………………………………… 104

　　第一节　人力资源风险管理概述 …………………………………… 104

　　第二节　人力资源风险的识别及评估 ……………………………… 112

　　第三节　人力资源风险管理的防范对策 …………………………… 117

**第五章　人力资源管理的信息化模式发展** ·················· 125

第一节　人力资源管理信息化概述 ·················· 125

第二节　人力资源管理信息化系统开发与维护 ·················· 130

第三节　人力资源管理信息化的优化途径探索 ·················· 145

第四节　基于大数据的人力资源管理信息化建设 ·················· 153

**第六章　战略性人力资源管理模式的实施** ·················· 161

第一节　战略性人力资源管理概述 ·················· 161

第二节　战略性人力资源管理的环境 ·················· 165

第三节　战略性人力资源管理体系构建 ·················· 169

第四节　战略性人力资源管理的实施策略 ·················· 174

**参考文献** ·················· 178

# 第一章 人力资源管理的基本内涵

## 第一节 人力资源管理的概念界定

### 一、人力资源的相关界定

#### （一）人力资源的概念

自从人力资源出现以来，许多学者对人力资源进行了诸多的研究，并得出了各自的观点。综合以往相关的研究，对人力资源可以做如下理解：人力资源是指人类社会所拥有的一切可以利用的人的劳动能力（包括体力、智力）的总和，是指一定范围内具有为社会创造物质和精神财富、从事体力劳动和智力劳动的人的总称。企业人力资源是指企业所拥有的全部人员（包括与企业目标相关的其他人）的各种能力的总和。值得一提的是，很多管理学家都将人力资源视为一种无形资产。人力资源有宏观与微观意义上的概念，这两大意义上的概念主要存在划分和计量单位方面的差异：以国家或地区为单位，人力资源的概念具有宏观意义；以部门和企事业单位为单位，人力资源的概念则具有微观意义。[①]

#### （二）人力资源的特征

##### 1. 能动性

人具有社会意识，并能够根据自己的意识，积极主动、有目的、有意识地认识与改造世界，并且在认识与改造世界的过程中处于主体地位，这体现了人力资源的能动性，也正是这种能动性使人力资源与其他资源具有了根本性的不同。

人力资源的能动性特征主要体现在自我强化、自我选择和积极性三方面。自我强化是指人们具有学习的能力，能够通过学习获得知识和技能水平的提高，从而实现自身素质的

---

[①] 齐义山，谢丽丽. 人力资源管理［M］. 西安：西安电子科技大学出版社，2017：2.

发展。自我选择是指人具有选择的意识，能够根据自我需要和实际选择职业，通过市场的调节，人主动与各种物质资源相结合。积极性是指人力资源能够促进积极劳动，通过积极劳动不断挖掘自身的潜力，发挥自身的价值。

人力资源的能动性表明，人力资源与其他资源不同，并不像其他许多资源一样在被开发时完全被动，而是具有能动性，因此人力资源的开发水平受到其能动性的影响，即具有"可激励性"，因此要充分发挥人力资源的价值，就要重视人力资源的能动性，采取各种措施，通过激励不断调动人力资源的积极性。

### 2. 智力性

从对人力资源的定义中就能看出，人力资源具有智力性特征。人与动物都依靠自然界提供的各种资源生存，但动物只是靠本能来顺应自然，人则是在改造自然。人正是靠着智力从自然界中获得各种生产生活资料，并将其作为自己的手段和工具，不断扩大自身的能力，从而创造更多、更丰富的生活生产资料，满足自身和社会的发展。由于智力的存在，人力资源具有无限的可能性，而且这种智力也是具有连续性的，通过智力的不断开发和增强，人力资源的劳动能力也得到增强。

### 3. 社会性

人生活在一定的社会中，受到社会中各种因素的影响，自然具有了社会性的特征。不同的民族、不同的组织存在于不同的地域，形成了不同的文化和社会习惯，不同民族和组织的人，受到所处时空的社会、文化、时代的影响，形成了差异，这种差异造成了人力资源质量的不同。来自不同地域的人带有各自的文化和价值取向，体现了不同的社会性并在生活生产以及交往过程中表现出来。对企业来说，要重视人力资源的社会性，要在人力资源管理中，做好团队建设，将不同人力资源的社会性统一到企业中，妥善处理好人力资源社会性的差异甚至矛盾以及利益的协调，为企业和社会的进步奠定好基础。

### 4. 时效性

人力资源的前提是人的存在，存在的人是有生命力的，所以人力资源也是有生命力的，同样地，人的生命是有限的，人力资源也具有时效性的特征。也就是说，人力资源的形成、开发和利用都会受到时间的限制。人是生命有机体，其发育、成长都有一定的规律和周期。发育成长期、成年期、老年期是人生命周期的三大阶段。在这三大阶段中，只有成年期的人才能算人力资源，因为在这个阶段人的体力和脑力都已发展到较高的程度，能够胜任一定的劳动并创造价值；而处于发育成长期和老年期的人，前者发育还不够成熟，体力和脑力发育不足，后者则体力和脑力衰退，劳动能力丧失，二者都无法创造价值，因此都不能称为人力资源。人力资源具有时效性，这就要求企业在遵循人的成长规律的基础上，适时、及时地开发和利用，发挥人力资源的最大价值和作用。

### 5. 两重性

人在生产的同时也进行消费，因此人既是生产者，也是消费者。人力资源也具有这种两重性，它既能够创造财富和价值，也需要进行投资。对人力资源的投资决定着人力资源的质量，这种投资包括教育投资、卫生健康投资以及人力资源的迁移投资。人类几乎所有的知识和技能都是出生以后通过接受教育获得的，其劳动能力也是后天形成并不断提高的，要获得知识、技能和劳动能力，必须付出一定的时间和金钱。人要积极劳动，必须有健康的身体做保障，这就离不开对卫生健康的投资。人力资源具有能动性，会根据自己的需要，选择适合自己的职业，因此也需要人力资源迁移的投资。根据西奥多·W. 舒尔茨（Theodore W. Schultz）的人力资本理论，教育投资、卫生健康投资以及人力资源的迁移投资属于人力资本的直接成本，而因此错失的就业机会和收入则属于人力资本的间接成本，也就是机会成本。要想获取人力资源、提高人力资源质量，进行投资是必须的，只有进行投资才能获取收益。人力资源的投资也遵循投入产出的规律，而且人力资源的投资具有高增值性。因此，在人力资源管理中，要重视对人力资源的投资，不断提高人力资源的质量，发挥人力资源的更大价值，为社会创造更多的效益。

### 6. 再生性

资源有可再生资源与不可再生资源之分，作为资源中最重要的人力资源则具有再生性。人力资源的再生性通过两方面得以实现：一是人口的再生产；二是劳动力的再生产。人口不断繁衍，人力资源也就不断再生产，这就是人口的再生产。而劳动力的再生产是指人在从事劳动以后，经过一定的休息和能力补充，劳动力会得到恢复，同时，人也可以通过接受教育、培训获得新的劳动能力或技能。在开发和利用人力资源的过程中，要正确认识人力资源的再生性，保证再生过程的顺利实现，并要区分人力资源再生性与可再生资源再生性，重视人类意识与人类活动对人力资源再生性的影响。

### 7. 持续性

人力资源具有持续性，这种持续性指的是开发的持续性。许多自然资源在经过开发形成产品之后就没有办法再进行开发了，而人力资源则不同。人力资源的使用是一种开发的过程。人力资源质量的提升同样是一种开发的过程，从这一层面上讲，人力资源可以经过多次、持续开发。只要是现实的人力资源，只要人的职业生涯尚未结束，都可以通过不断学习更新知识、提高技能。目前，全世界都在倡导终身学习，其前提就是人力资源的开发持续性。因此，企业要注重对人力资源的教育培训，不断提高其德才水平。尤其是在科技发展日新月异的新时代，更需要及时地更新完善人力资源的知识，才能顺应时代发展的要求。

## （三）人力资源的构成

### 1. 人力资源数量

人力资源的数量就是劳动力人口的数量，是指一个国家或地区拥有的具有劳动能力的人口资源。从微观意义上进行计量，对一个组织或者单位而言，人力资源的数量就是其员工的数量。而对一个国家来说，人力资源的数量要通过现实人力资源数量和潜在人力资源数量进行计量。每个国家都有对于本国居民劳动年龄的规定。未成年人和老年人都不算劳动适龄人口，但他们中有一些人也存在具有劳动能力且正在从事社会劳动的情况，而在劳动适龄人口中，也有一些因种种原因未能参加社会劳动的人口，这些都要作为计算人力资源数量的依据。

影响人力资源数量的因素主要有以下几方面。

（1）人口总量及其生产状况

劳动力人口的数量决定了人力资源的数量，而作为人口总量一部分的劳动力人口数量，自然受到人口总量的影响，而人口经过再生产会发生人口数量的变化，这显然也影响着劳动力人口的变化，因此，人口总量及其生产状况决定了人力资源的数量。

（2）人口的年龄构成

并不是人口有多少就有多少数量的人力资源，前面也提到，各国都有关于劳动年龄的划分，虽然存在特殊情况，但不可否认，劳动适龄人口才是人力资源的主体。人口总量一定的情况下，劳动适龄人口越多，人力资源的数量也就越多。因此，人力资源的数量在一定程度上受到了人口年龄构成的影响。

（3）人口迁移

从人类产生以来，就出现了人口迁移。尤其是在当今全球化的时代，交通发达便捷，为人口的迁移提供了便利的条件。伴随人口迁移而来的就是人口数量的变化，继而影响人力资源数量，当然，这种影响只针对迁出地和迁入地，总体上的人力资源数量是不变的。

### 2. 人力资源质量

人力资源质量是指人力资源的素质，是人力资源在质上的规定性。具体来说，人力资源质量主要是指人力资源所具有的体质、智力、知识、技能水平以及劳动态度，其通过劳动者的体质、文化、专业技术水平及劳动积极性体现出来。

影响人力资源质量的因素有三方面。

（1）遗传等先天因素

对人类来说，一出生就会具备父母体质和智能的特征，这就是遗传在起作用。人口代际间遗传基因的保持，使这种体质和智能的继承性得以实现，在此基础上，人类还通过变异不断发展进化。虽然遗传这种先天因素对每个人的影响很大，但是人和人之间先天性上的体质和智力水平差异并不大，而通过后天各种因素的影响，这种差异进一步缩小或者拉大。

（2）教育因素

教育是人类社会特有的现象，是人有目的、有意识地传授知识和经验的活动。通过接受教育，一个人会获得知识上的丰富、技能上的提高，乃至劳动能力的提升。可以说，人力资源质量的提高，教育是非常重要并且直接的手段。通过接受教育，人力资源的整体素质会获得提高，这也是当今国家注重国民教育、企业注重员工培训的重要原因。

（3）营养因素

人要想健康成长，离不开科学的营养补充，营养不仅会对人的体质产生重要影响，还会影响其智力水平。身体是革命的本钱，只有具备健康的身体，才能正常开展学习、工作和生活，也才能具备成为合格劳动力的前提。因此，要重视充足摄入营养，这样才能使人力资源保持一定的质量。

**3. 两者的关系**

一方面，人力资源的数量是人力资源的基础。只有具备一定数量的人口，才能有一定的人力资源。同样，只有先具备一定数量的人力资源，才能有具备一定质量的人力资源。一个国家只有具备较多数量的人力资源，也才可能有较多高质量的人力资源。

另一方面，人力资源的质量在一定程度上可以替代人力资源的数量。人力资源数量的多少并不决定人力资源素质的高低，而一个国家或地区的人力资源优势也不是由人力资源数量决定的，人力资源质量的高低才是决定人力资源优劣的关键。高质量的人力资源是促进一个国家经济和社会发展的重要力量，一个国家或者地区即便拥有数量较多的人力资源，但是如果质量都不高，也难以赶上拥有数量少但质量高的人力资源的国家或地区的发展。从这层意义上来说，人力资源的质量可以代替人力资源的数量。

## （四）人力资源的作用

### 1. 人力资源是最重要的资源

组织是由人组成的，没有了人，组织就没有了存在的基础。组织要想发展只有依靠人的劳动，而劳动能力就是人的价值最主要的体现。一个身体健康、具有职业能力和创新精神，能够主动积极参与工作，并能认同企业文化的人是企业最重要的资源。企业要发展，必须重视员工的职业能力和整体素质，更要重视人本身。企业采取各种激励措施鼓励员工不断提高自身水平，并使其为企业努力奋斗，就是适应市场竞争的重要根本要求。人力资源作为一种独特的资源，有着自己的意识和思想，具有能动性。人力资源的这种能动性对企业的影响是双重的，如果这种能动性是反向的，人力资源就会积极主动地工作；如果能动性是负向的，则人力资源则会消极被动，会给企业的发展带来巨大的灾难。因此，企业要认识到人力资源的重要性，不断调动人力资源的积极性，引导人力资源充分发挥其价值。每个企业的人力资源都在各自的环境和文化中成长起来，会形成相应的品质和价值观念。企业要想实现自己的目标，需要树立正确的价值观念，并统一人力资源的价值观念，形成良好的企业文化，让人力资源为企业的发展贡献力量，并为社会创造效益。

### 2. 人力资源是战略性资源

一个企业的生存和发展受到人力资源管理的影响。当今社会已经成为知识经济和信息时代，人类的智力发展逐渐取代以往的财物资源和体力劳动，成为社会经济发展的主要依赖对象。计算机技术、人工智能等高科技的快速发展及应用，越来越确定地告诉我们，21世纪最重要的是人才，尤其是创新型人才已经成为最重要的、具有战略意义的资源。人力资源具有开发的持续性，具有巨大的质量提升空间，这是其他任何生产要素都无法比拟的。企业的核心竞争力在于企业的知识与技能，而人力资源能够学习这种知识与技能，对其不断更新和完善，并与同组织的人员密切协同，发挥自己的高使用价值。企业要创造良好的工作环境，搞好团队建设，合理调配资源，采取诸多的激励手段，鼓励员工发挥出个人的最大能量，实现个人的发展目标。

### 3. 人力资源是利润的创造源泉

商品价值有转移价值和附加价值之分。转移价值是指生产要素在构成商品的过程中将其原值转移到商品中的价值中，它不会增加价值，因此也不会产生利润。而附加价值是商品价值与转移价值的差额部分，它是由劳动创造的，是利润的真正来源。企业要想获得较高的利润，商品就需要具有更高的附加价值，这就必须依赖人力资源的质量和结构。各种资源都是有限的，企业都在探索如何用最少的资源获取最大的经济效益，而充分发挥具有低投入、高产出特征的人力资源的作用，已经成为企业的共识。

## 二、人力资源管理的相关界定

### （一）人力资源管理的概念

人力资源管理这一概念，是彼得·F. 德鲁克（Peter F. Drucker）于 1954 年提出人力资源概念之后出现的。1958 年，E. 怀特·巴克（E. Wight Balkke）出版了《人力资源职能》一书，首次将人力资源管理作为管理的普通职能来加以论述。此后，国内外学者从不同角度对人力资源管理的概念进行阐释，综合起来可以归纳为以下五类。

一是根据人力资源管理的目的，将人力资源定义为通过对人力资源进行管理，而实现组织的整体规划和战略目标，如人力资源管理是运用多种技术手段，充分发挥人力资源的作用和价值，从而实现组织目标。

二是根据人力资源管理的过程及作用，将人力资源定义为活动过程，如人力资源管理是包括聘用、选拔、培训等的人员组织活动，旨在实现组织目标，也能实现人的价值。大到全社会，小到各个组织范围内的工作人员的招聘、培训、调动、退休等过程，都是人力资源管理的内容。

三是根据人力资源管理的实体，将人力资源定义为规章制度和政策。如对员工产生直接影响的管理层的各种决策及活动就是人力资源管理的对象；对公司和员工之间的关系产生影响的决策及活动也是人力资源管理的对象。人力资源管理指的是与员工切身利益相关的各种政策、管理制度等。

四是根据人力资源管理的主体，将人力资源定义为人力资源部门或相关管理者开展的一系列活动，如人力资源管理是专业性很强的工作，由人力资源管理部门中的专业人员负责。

五是根据人力资源管理的目的、过程等多个角度，将人力资源定义为综合性较强的活动，如人力资源管理借助现代先进的科学技术和手段，运用相关物质条件，对相关人员进行培训，合理分配岗位，使人尽其才，物尽其用，二者相互配合，同时在潜移默化中引导和协调员工的思想行为，充分发挥员工的作用和价值，使他们与岗位需求融为一体，为实现组织目标而努力奋斗。人力资源管理是一系列计划、组织和协调工作，是对相关人员能力的开发、利用和保持。这一活动是有目的、有组织进行的，通过促进劳动关系和谐发展而充分挖掘人力资源，激发人们工作的动力，提高人员工作和水平，为实现组织战略目标而采取一系列方法。

本书认为，人力资源管理就是指企业通过各种政策、制度和管理实践，以吸引、保留、激励和开发员工，调动员工的工作积极性，充分发挥员工潜能，从而促进组织目标实现的管理活动。在一般情况下，人力资源管理可以在宏观和微观两个层次进行讨论。宏观意义上的人力资源管理是指政府对社会人力资源的开发与管理的过程。本书所涉及的是微观意义上的人力资源管理，即企业的人力资源管理。

## （二）人力资源管理的特征

### 1. 综合性

信息管理、财务管理往往涉及的是本学科体系的知识，而人力资源管理则涉及经济学、社会学、心理学、人才学、管理学等学科，需要借助这些学科的基本理论和相关成果来发展自身学科理论。

### 2. 复杂性

人力资源管理活动是人与人之间的交互活动。管理对象的主观能动性，以及人与人之间情感、利益关系的复杂性，使得人力资源管理活动呈现出复杂性。在人力资源管理活动中往往要求管理者不能简单地站在组织一方的角度思考问题，而需要站在管理对象的角度思考问题，要注意听取管理对象的意见，强化与管理对象的互动，不能用简单的方法处理人力资源管理问题。

### 3. 文化性

不同的文化追求会导致组织人力资源管理方式方法的差异性。无论是宏观角度还是微观角度的人力资源管理，都具有特定的文化取向和人才观念。比如，一些单位特别强调组织的和谐氛围；一些单位特别强调人的能力素质作用；一些单位特别注重分配的公平性；一些单位则特别注重分配的激励性。这些不同价值观的背后则是这个组织文化特征的差异。因而，不同文化特征的组织，在人力资源管理理念、制度构建和操作上也会表现出一定的差异性。

### 4. 发展性

从传统的人事管理发展到以战略为核心的现代人力资源管理，管人的理念和方法在不断变革。人在劳动中的地位越来越得到肯定，有效管理人、充分发挥人的积极性的方式方法也在不断变化发展。如就如何评价人而言，传统的"目测""口试"方式，随着人才测评技术的不断发展，逐步发展出人才测评的新方法、新技术。因而，需要人力资源管理从业人员不断学习，提升自己的专业技能水平。

### （三）人力资源管理的任务

为有效发挥人力资源管理对组织可能起到的重要作用，组织必须围绕自身的经营发展战略，做好人力资源战略、工作岗位分析、人力资源规划、招聘（招募与甄选）、绩效管理、薪酬管理、培训与开发、劳动关系管理方面的工作。这些方面正是人力资源管理的专业职能模块，也是人力资源管理部门的职责模块。

#### 1. 人力资源战略

组织的人力资源管理活动是围绕组织的使命、愿景、价值观、目标、战略而展开的，也应以此确定人力资源战略。人力资源战略决定了一个组织需要一支怎样的人力资源队伍来帮助其实现发展目标。

#### 2. 工作岗位分析

确定了人力资源战略要素后，组织就需要依据人力资源战略设计一个科学合理的组织结构。在设计完组织结构后，组织还应该确定在每一部门中应设置哪几种职位、每种职位应该承担的主要工作职责和任务，以及从事此职位的人须具备的任职资格条件。这就是工作岗位分析所要完成的工作。

#### 3. 人力资源规划

人力资源规划是指根据组织的战略和内部人力资源状况而制订的人员吸引或排除计划。人力资源规划主要涉及的内容包括对员工在组织内部的流动情况以及流入和流出组织的行为进行预测，根据预测的结果制订相应的人员供求平衡计划，从而恰当地满足组织未来经营对人的需要。

#### 4. 招聘（招募与甄选）

招聘是指组织通过招聘新员工来填补职位空缺，包括招募和甄选工作。招募所要解决的问题是如何获得足够数量的求职者供组织筛选，而甄选则是要解决如何从求职者中挑选出适合组织的人。

#### 5. 绩效管理

绩效管理是人力资源管理也是整个管理和运营的中心环节。绩效管理体系是能够保证员工个人及群体的工作活动和工作行为对实现组织战略目标起到积极作用的机制。实行绩效管理，需要对组织的经营目标或战略进行细化，把重要目标和关键责任落实到每一层管理人员和普通员工身上，从而保证组织战略真正得到落实和执行。

### 6. 薪酬管理

薪酬就是员工为组织提供知识、技能、能力及努力等所得到的经济性报酬。薪酬体系是否合理，直接影响到员工的工作积极性、工作绩效的完成度以及是否留在该组织。

薪酬管理是一个组织根据其全体员工所提供的服务来制定他们应获得的薪酬水平和支付形式。在管理过程中，企业应该对薪酬形式、构成、水平及结构、特殊员工群体的薪酬等制定具体决策。

### 7. 培训与开发

培训与开发是一个组织为了让员工具有完成目前或以后的工作内容应具备的知识、技能和能力，从而提高员工在目前或以后职位上的工作绩效而进行的一系列有计划性的连续性活动。

### 8. 劳动关系管理

劳动关系管理的目的主要是通过促进组织和员工之间的关系和谐从而实现组织目标和长期发展。

## （四）人力资源管理的功能

从本质上来看，人力资源管理的功能和职能并不相同，人力资源管理的职能是它所要承担或履行的一系列活动，例如人力资源规划、职位分析、招聘录用等；而人力资源管理的功能是指它自身应该具备或发挥的作用，具有一定的独立性，它的功能是通过职能来实现的。人力资源管理的功能体现在以下五方面。

### 1. 获取

进行人力资源管理首先要做的就是获取人力资源。获取这一功能的实现过程为依据组织目标来制定组织的工作要求和人数等，通过工作分析、人力资源规划、招聘和录用等环节，选拔与目标职位相匹配的任职者。

### 2. 维持

维持功能主要体现在建立并维持有效的工作关系。通过进行薪酬、考核和晋升等管理活动，保持企业员工工作的有效性和积极性，维持安全健康的工作环境，从而提升员工对企业的满意度，进而使员工能够安心、满意地投入工作。

### 3. 整合

整合功能表现在企业可以借助培训教育等手段，实现员工的组织社会化。整合的目的是使员工形成与组织一致的价值取向和文化理念，并使员工逐步成为组织人。具体体现为新员工上岗引导，以及企业文化和价值观的培训。

### 4. 开发

开发是提高员工能力的重要手段。通过组织内部的一系列管理活动，培养和提高员工的技能和素质，以增强员工的工作能力，并充分发挥员工的潜能，最大限度地实现个人价值，使人力资源对组织的发展做出贡献，以达到个人与组织共同发展的目的。

### 5. 调控

调控功能主要是企业对员工进行公平、合理的动态管理中，对员工的工作表现、潜能和工作绩效进行评估和考核，从而为企业做出人力资源奖惩、升降和去留等决策提供依据。具体表现为晋升、调动、工作轮换、离退休和解雇等。

# 第二节　人力资源管理的发展历程

人力资源管理是一门新兴的学科，问世于 20 世纪 70 年代末。人力资源管理的历史虽然不长，但人事管理的思想源远流长。从时间上看，从 18 世纪末开始的工业革命，一直到 20 世纪 70 年代，这一时期被称为传统的"人事管理阶段"。20 世纪 70 年代末以来，人事管理让位于人力资源管理。

## 一、人事管理阶段

### （一）人事管理的萌芽阶段

在 18 世纪中后期，随着机器大工业的产生与发展，规模化的大生产和装配线的出现加强了人和机器的联系，大工厂的建立使雇用员工的数量急剧增加。工业革命在提高劳动专业化水平和生产力水平的同时，也对生产过程的管理，尤其是对生产中员工的管理提出了更高的要求，从而出现了专门的管理人员，负责对员工的生产进行监督，并对与员工有关的事务进行管理，从此，人事管理活动也正式进入了企业的管理活动范畴。人力资源管理活动也是在此时出现的。但这一时期对于人的管理基本上是一种雇佣管理。这种管理方式存在于企业的经验管理阶段，在长达 150 年的时间里，企业基本依靠人治，组织管理结构是直线制的，管理的重点放在机器、工具、物料等物质生产资料上，而企业同时把员工也当作机器、工具、物料看待，看作是简单的生产手段和成本，实行以录用、安置、调动、退职和教育培训为中心的劳动力管理。这个时期是以"经济人"为基本人性假设，主要对人的行为进行管理，其管理方式也是非理性的，激励方式上主要是"胡萝卜＋大棒"的外部激励。

## （二）科学管理理论阶段

1911 年，弗雷德里克·温斯洛·泰勒（Frederick Winslow Taylor）的《科学管理原理》一书问世，他的科学管理理论在美国被广泛采用，使企业管理从经验上升为科学，并对当时的人事管理理论和实践产生了巨大的影响，从而也使人力资源管理作为一门科学的理论体系在企业管理中被加以重视。

泰勒认为，企业管理员工的关键是通过开发精确的工作分析方案来选择员工并以此来支付员工报酬。他通过对工人劳动过程的考察提出了"时间和动作研究""生产条件标准化""工作挑选工人""计划与执行相分离"等原则，大大地提高了劳动生产率，加强了企业的管理职能。以"经济人"的观点为基础，创造性地提出了"差异计件工资制"，工人的收入与其工作绩效相联系，管理方式由"人治"变为"法治"。然而，科学管理理论还没有考虑员工的情感因素，把工人当作生产资料来对待，因而造成工人对工作产生不满，工人甚至开始破坏生产工具、机器，从而影响激励效果。在这种情况下，一些企业开始实施了早期的员工福利计划以改善劳资关系，如提供住房、贷款，实施保险计划，满足一些基本的生理、社会和教育需求等。但在 20 世纪 30 年代，由于美国经济大萧条以及全球经济危机，这些措施被逐渐取消。

尽管这一时期的人事管理理论和方法存在局限性，但它第一次将科学管理的观念引入人事管理，揭示了人事管理、劳动生产率以及工作绩效之间的关系，说明了通过有效的人事管理可以提高员工的劳动生产率和工作绩效，从而达到提高企业绩效的目的。

## （三）人际关系管理阶段

随着生产力的迅速提高，发达国家的工人逐步解决了温饱问题，"经济人"假设陷入困境，工人劳动士气低落重新困扰着企业主。1924—1932 年，哈佛商学院的乔治·埃尔顿·梅奥（George Elton Mayo）等人在芝加哥的西方电器公司霍桑工厂开展了一系列的研究活动，这就是著名的霍桑试验。试验证明，员工的生产率不仅受到工作方式设计和员工报酬的影响，而且受到某些社会和心理因素的影响。员工的感情、情绪和态度受到工作环境的强烈影响，它包括团体环境、领导风格和管理的支持等，这些情感又会对员工的生产率产生重要影响。因此，对员工的尊重将会提高其满意度和劳动生产率。乔治·埃尔顿·梅奥等人在试验研究的基础上总结出了"人际关系学说"，正式指出：工人不是"经济人"，而是"社会人"。他们除了经济需要之外，还有社会需要和精神需要。但我们也可以看到正如"经济人"假设的局限性一样，单纯依靠情感管理也不能完全实现管理目的，快乐的心情也不能保证员工高满意度和高劳动生产率。因此，在 20 世纪 50 年代，这一方法也开始衰落。但以此为研究起点的行为科学大放异彩。这一时期形成了三种重要的激励理论：马斯洛的需求层次理论、麦格雷格的 X 理论和 Y 理论、赫茨伯格的双因素理论。

## 二、人力资源管理阶段

### （一）人力资源管理的提出

"人力资源管理"一词是由著名管理学家彼得·F. 德鲁克（Peter F. Drucker）于 1954 年在《管理的实践》一书中提出的。他指出：人力资源和其他所有资源相比较，唯一的区别就是人，人是经理们必须考虑的具有"特殊资产"的资源。人力资源拥有当前其他资源所没有的素质，即"协调能力、融合能力、判断力和想象力"。经理们可以利用其他资源，但是人力资源只能自我利用。"人对自己是否工作拥有完全的自主权。"德鲁克这一观点的提出使"传统的人事管理正在成为过去，一场新的以人力资源开发为主调的人事革命正在到来"。

在 20 世纪 70 年代后期到 80 年代早期，由于有效的人力资源管理活动对组织的重要性日益增加和组织心理学、组织行为学的发展，人力资源管理再次引起人们的关注。这一时期的人力资源管理理论主要集中在讨论如何实施有效的人力资源管理活动，以及对员工行为和心理的分析来确定其对生产力和工作满意度的影响，从而使人力资源管理理论更加关注员工的安全和健康。

20 世纪 80 年代初期，彼得·F. 德鲁克和 E. 怀特·巴克（E. Wight Balkke）关于人力资源管理的特征被重新提了出来，经过一段时间的认真思考，许多学者试图提出一种人力资源管理的一般理论来解释、预测和指导实际工作者和研究人员的人力资源管理活动，并以此来解决以前在员工关系方面所忽略的一些问题。迈克尔·比尔（Michael Beale）等人于 1984 年在《管理人力资本》一书中，提出了将人力资源管理和组织的战略计划作为一个整体来考虑的战略人力资源管理理论，他们认为应在组织中统一管理个体的不同方面，人力资源管理综合了组织行为学、劳工关系以及人事行政等学科的特点。他们指出，人力资源管理的研究领域已经扩展为对影响组织和员工之间关系的所有管理决策和活动的领域。因此，在决定人力资源管理政策时应从员工影响、人力资源流动、报酬制度、工作系统四方面加以选择。其后有许多学者也提出了较为完整的战略人力资源管理理论并建议人们采用这一理论。他们认为战略人力资源管理和人事管理的根本区别在于人力资源管理活动计划的制订和组织的总体战略计划相联系。战略人力资源管理的提出使人力资源管理理论发展到了新的阶段。

### （二）人力资源管理的发展

进入 20 世纪 90 年代，人力资源管理理论不断发展，也不断成熟。人们更多地探讨人力资源管理如何为企业的战略服务，人力资源部门的角色如何向企业管理的战略合作伙伴关系转变。战略人力资源管理理论的提出和发展，标志着现代人力资源管理的新阶段。

人力资源管理发展到现在，已经发生了一系列明显的变化。人力资源成为效益最高的投资领域，员工不仅是生产成本，还是投资的对象、开发的对象，是一种资源。教育和培训是人力资源开发的主要手段，也成为人力资源部门的重要职能，但人力资源的开发和管理不仅是人力资源管理部门的职责，更是直线经理的职责。随着文化管理的兴起，人已经成为企业管理的中心，人力资源管理的重要性日益增强，进而成为企业的战略支持部门。

# 第三节 人力资源管理的理论依据

## 一、人性假设理论

对于人性假设理论，很多学者都做过研究，其中最具代表性的是美国管理学家、心理学家道格拉斯·麦格雷戈（Douglas McGregor）提出的"X-Y 理论"以及美国行为科学家埃德加·H. 沙因（Edgar H. Schein）提出的"四种人性假设"。

麦格雷戈认为，人的性质和行为的假设在某种程度上决定着管理人员的工作方式。他经过长期研究后，在 1957 年 11 月的美国《管理评论》杂志上发表了《企业中人的方面》一文，提出了著名的"X-Y 理论"。

### （一）X-Y 理论

#### 1. X 理论

麦格雷戈将传统的人们对人性的假设称为"X 理论"（Theory X），并将这一观点归纳为以下几方面。

第一，多数人天生是懒惰的，只要有可能，他们尽可能逃避工作。

第二，多数人没有雄心大志，不愿负任何责任，甘心情愿受别人的指导。

第三，多数人生来以自我为中心，不顾组织目标，加上人懒惰的本性，必须用强制、惩罚的方法，才能迫使他们为达到组织目标而付出适当的努力。

第四，大多数人都是缺乏理智的，不能克制自己，很容易受别人影响。

第五，大多数人具有欺软怕硬、畏惧强者的特点，习惯保守，反对变革，安于现状，为此，必须对他们进行惩罚，以迫使他们服从指挥。

第六，大多数人干的工作都是为了物质与安全的需要，人工作是为了钱，是为了满足基本的生理需要和安全需要，他们将选择那些在经济上获利最大的事去做。

第七，只有少数人能克制自己，这部分人应当担负起管理的责任。

在这种理论指导下，采取的是"严厉的"或"强硬的"的管理方式，对企业中成员的行为进行严密的监督和严格的控制。对于这类人，通常采用的是以金钱作为激励人们努力工作的主要手段。对消极怠工的行为采取严厉的惩罚，以权力或控制体系来保护组织本身和引导员工。

### 2. Y 理论

基于 X 理论，麦格雷戈提出了与之完全相反的 Y 理论（Theory Y），这一理论的主要观点为以下几个方面。

第一，一般人并不是天性就不喜欢工作的，大多数人愿意工作，愿意为社会、为他人做贡献，工作中体力和脑力的消耗就像游戏和休息一样自然。工作可能是一种满足，因而自愿去执行；也可能是一种惩罚，因而想逃避，到底怎样，视环境而定。

第二，大多数人是愿意负责的，愿意对工作、他人负责任，外来的控制和惩罚并不是促使人们为实现组织的目标而努力的唯一方法。它甚至是对人的一种威胁和阻碍，并放慢了人成熟的脚步。人们愿意实行自我管理和自我控制来完成应当完成的目标。

第三，人具有自我指导、自我表现控制的愿望，自我实现的要求和组织的要求之间不是矛盾的，如果给人适当的机会，就可以将组织目标与个人目标统一起来。

第四，在适当条件下，人不仅学会了接受职责，而且还学会了谋求职责、逃避责任、缺乏抱负以及强调安全感，但这些通常是经验的结果，而不是人的本性。

第五，所谓的承诺与达到目标后获得的报酬是直接相关的，它是达到目标的报酬函数。

第六，人具有独创性，每个人的思维都有其独特的合理性，在解决组织的困难问题时，都能发挥较强的想象力、聪明才智和创造性，但是在现代工业生活的条件下，一般人的智慧潜能只是部分地得到发挥。

在这种理论指导下，对人的管理方法主要是：少用外部控制，鼓励员工自我控制，创造一种适宜环境，使员工发挥潜力而实现目标，这种激励主要来自工作本身的内在激励，让员工担当具有挑战性的工作，担负更多的责任，满足自我实现的需要。

### 3. 超 Y 理论

麦格雷戈认为 Y 理论比 X 理论更为先进，更符合人的实际情况，管理者应该按照 Y 理论对人进行管理。但是后来，其他学者如约翰·J. 莫尔斯（John J. Morse）和杰伊·W. 洛尔施（Jay W. Lorsch）这两位学者经过实验证明麦格雷戈的这个观点并不正确，他们在 1970 年《哈佛商业评论》上发表了《超 Y 理论》一文，提出了著名的"超 Y 理论"（Theory Super Y），对麦格雷戈的"X-Y 理"论做了进一步的完善。该理论主要观点如下。

第一，人们抱着各种各样的愿望和需要加入企业组织，人们的需要和愿望具有不同的类型。有的人愿意在正规化、有严格规章制度的组织中工作；有的人却需要更多的自治和更多的责任，需要有更多发挥创造性的机会。

第二，组织形式和管理方法要与工作性质和人们的需要相适应，不同的人对管理方式的要求是不一样的。对上述的第一种人应当以 X 理论为指导来进行管理，而对第二种人则应当以 Y 理论为指导来进行管理。

第三，组织机构和管理层次的划分，员工的培训和工作的分配，工资报酬、控制制度的安排都要从工作的性质、工作的目标和员工的素质等方面考虑，不可能完全一样。

第四，当一个目标实现以后，可以激起员工的胜任感和满足感，使之为实现新的、更高的目标而努力。

按照超 Y 理论的观点，在进行人力资源管理活动时要根据不同的情况，采取不同的管理方式和方法。

### （二）四种人性假设理论

美国著名行为科学家埃德加·沙因于 1965 年在《组织心理学》一书中，提出了四种人性假设理论。

1. "经济人"假设

"经济人"假设[1]理论产生于早期科学管理时期，其理论来源是西方享受主义哲学和亚当·斯密[2]（Adam Smith）的劳动交换的经济理论，即认为人性是懒惰的，干工作只是为了获取经济报酬，满足自己的私利。因此，管理上主张用金钱等经济因素去刺激人们的积极性，用强制性的严厉惩罚去处理消极怠工者，即把奖惩建立在"胡萝卜加大棒政策"的基础上。但最早提出"经济人"概念的是麦格雷戈，他的 X 理论中所表述的人就是"经济人"。

2. "社会人"假设

"社会人"假设理论源于"霍桑实验"及人际关系学说。"社会人"的概念也是由该实验主持者梅奥提出的。这种假设认为，人是社会人，人们的社会性需要是最重要的，人际关系、职工的士气、群体心理等对积极性有重要影响。因而在管理上要实行"参与管理"，要注重满足职工的社会性需要，关心职工、协调好人际关系、实行集体奖励制度等。

3. "自动人"假设

"复杂人"假设即"自我实现人"假设，这一概念最早是由人本主义心理学家马斯洛提出的。尔后，麦格雷戈提出了以"自动人"人性假设为理论基础的管理理论，"自动人"就是麦格雷戈的 Y 理论。"自动人"假设认为，人是自主的、勤奋的，自我实现的需要是人最高层次的需要，只要能满足这一需要，个体积极性就会充分调动起来。所谓自我实现，是指人的潜能得到充分发挥，只有人的潜能得以表现和发展，人才会有最大的满足。因此，管理上应创设良好的环境与工作条件，以促进职工的自我实现，即潜能的发挥，强调通过工作本身的因素，即运用内在激励因素调动职工的积极性。

4. "复杂人"假设

"复杂人"假设理论类似于约翰·莫尔斯和杰伊·洛尔施提出的超 Y 理论。该理论认为，无论是"经济人""社会人"，或是"自动人"假设，虽然各有其合理性的一面，但并不适用于一切人。因为，一个现实的人，其心理与行为是很复杂的，人是有个体差异的。人不但有各种不同的需要和潜能，而且就个人而言，其需要与潜能也随年龄的增长、知识能力的提高、角色与人际关系的变化而发生改变。不能把人视为某种单纯的人，实际上存在的是一种具体的"复杂人"。依据这一理论，便提出了管理上的"超 Y 理论"，即

---

① "经济人"假设又称"实利人"或"唯利人"假设。

② 亚当·斯密于 1723 年 6 月 5 日出生在苏格兰法夫郡（County Fife）的寇克卡迪（Kirkcaldy），英国经济学家、哲学家、作家，是经济学的主要创立者。

权变理论。它认为，不存在一种一成不变、普遍适用的管理模式，应该依据组织的现实情况，采取相应的管理措施。

## 二、激励理论

当今，市场经济的基本形式不断变化，企业内部的竞争尤为激烈，在目前的企业实际管理工作中，"人力资源管理属于企业内部的重要内容，只有加强调动企业内部工作人员自身的工作积极性，才能真正发挥出他们的潜能，使工作人员真正投入工作之中"[①]。要想有效加强工作人员自身的积极性，企业内部的管理工作就需要有效完善激励理论，加强工作人员整体的工作效率，这也是现代企业管理工作中十分重要的组成部分。

### （一）内容激励理论

早期的激励理论研究是对于"需要"的研究，回答了以什么为基础或根据什么才能激发调动起工作积极性的问题，包括马斯洛的需求层次理论、赫茨伯格的双因素理论等。最具代表性的是马斯洛的需求层次理论。这种理论主要研究"员工都有什么需要？"这个问题。

#### 1. 马斯洛的需求层次理论

亚伯拉罕·哈罗德·马斯洛（Abraham Harold Maslow）于 1943 年初次提出了"需求层次"理论，把人类纷繁复杂的需要分为下面五个层次。

（1）生理需要：维持人类生存所必需的身体需要。

（2）安全需要：保证身心免受伤害。

（3）归属和爱的需要：包括感情、归属、被接纳、友谊等需要。

（4）尊重的需要：包括内在的尊重如自尊心、自主权、成就感等需要和外在的尊重如地位、认同、受重视等需要。

（5）自我实现的需要：包括个人成长、发挥个人潜能、实现个人理想的需要。

1954 年，马斯洛在《激励与个性》一书中又把人的需求层次发展为由低到高的七个层次：生理的需要、安全的需要、友爱与归属的需要、尊重的需要、求知的需要、求美的需要和自我实现的需要。

马斯洛认为，只有低层次的需要得到部分满足以后，高层次的需要才有可能成为行为的重要决定因素。七种需要是按次序逐级上升的。当下一级需要获得基本满足以后，追求

---

① 姬雅琳. 激励理论在现代企业管理中的运用分析 [J]. 商展经济，2022 (17)：138-140.

上一级的需要就成了驱动行为的动力。但这种需求层次逐渐上升并不是遵照"全"或"无"的规律，即一种需要100%的满足后，另一种需要才会出现。事实上，社会中的大多数人在正常的情况下，他们的每种基本需要都是部分地得到满足。

马斯洛把七种基本需求分为高、低二级，其中生理需要、安全需要、社交需要属于低级的需要，这些需要通过外部条件使人得到满足，如借助工资收入满足生理需要，借助法律制度满足安全需要等。尊重需要、自我实现的需要是高级的需要，它们是从内部使人得到满足的，而且一个人对尊重和自我实现的需要，是永远不会感到完全满足的。高层次的需要比低层次需要更有价值，因此，通过满足员工的高级需要来调动其生产积极性，具有更稳定、更持久的力量，也更具激励性、更为有效。人的需要结构是动态的、发展变化的。

### 2. 赫兹伯格的双因素理论

"激励理论"又称为"保健因素理论"，是美国的行为科学家弗雷德里克·赫茨伯格（Fredrick Herzberg）提出来的，又称"双因素理论"。

20世纪50年代末期，赫茨伯格和他的助手们在美国匹兹堡地区对200名工程师、会计师进行了调查访问。访问主要围绕两个问题：在工作中，哪些事项是让他们感到满意的，并评估这种积极情绪持续多长时间；又有哪些事项是让他们感到不满意的，并评估这种消极情绪持续多长时间。赫茨伯格以对这些问题的回答为基础，着手研究哪些事情使人们在工作中快乐和满足，哪些事情造成不愉快和不满足。结果表示，使职工感到满意的都是属于工作本身或工作内容方面的；使职工感到不满的，都是属于工作环境或工作关系方面的。他把前者叫作激励因素，后者叫作保健因素。

保健因素的满足对职工产生的效果类似于卫生保健对身体健康所起的作用。保健从人的环境中消除有害健康的事物，它不能直接提高健康水平，但有预防疾病的效果；它不是治疗性的，而是预防性的。保健因素包括公司政策、管理措施、监督、人际关系、物质工作条件、工资、福利等。当这些因素恶化到人们认为可以接受的水平以下时，人们就会产生对工作的不满意。但是，当人们认为这些因素很好时，它只是消除了不满意，并不会促使积极的态度，这就形成了某种既不是满意又不是不满意的中性状态。

那些能带来积极态度、满意和激励作用的因素就叫作激励因素，这是那些能满足个人自我实现需要的因素，包括成就、赏识、挑战性的工作、增加的工作责任，以及成长和发展的机会。如果这些因素具备了，就能对人们产生更大的激励。从这个意义出发，赫茨伯格认为传统的激励假设，如工资刺激、人际关系的改善、提供良好的工作条件等，都不会产生更大的激励；它们能消除不满意，防止产生问题，但这些传统的激励因素即使达到最佳程度，也不会产生积极的激励。按照赫茨伯格的意见，管理者应该认识到保健因素是必需的，不过它一旦使不满意中和以后，就不能产生更积极的效果，只有激励因素才能使人们有更好的工作成绩。

赫茨伯格的双因素理论同马斯洛的需求层次论有相似之处。他提出的保健因素相当于马斯洛提出的生理需要、安全需要、感情需要等较低级的需要，激励因素则相当于尊重的需要、自我实现的需要等较高级的需要。当然，他们的具体分析和解释是不同的。但是，这两种理论都没有把"个人需要的满足"同"组织目标的达到"这两点联系起来。

然而，双因素理论促使企业管理人员注意工作内容方面因素的重要性，特别是它们与工作丰富化和工作满足的关系，因此是有积极意义的。赫茨伯格告诉我们，满足各种需要所引起的激励深度和效果是不一样的。物质需求的满足是必要的，没有它会导致不满，但是即使获得满足，它的作用往往是很有限的、不能持久的。要调动人的积极性，不仅要注意物质利益和工作条件等外部因素，更重要的是要注意工作的安排，量才录用、各得其所，注意对人进行精神鼓励，给予表扬和认可，注意给人以成长、发展、晋升的机会。随着温饱问题的解决，这种内在激励的重要性越来越明显。

## （二）行为激励理论

激励理论中的行为学派主要研究影响人的行为改变的心理过程理论，以及行为发生变化的改变理论。

偏重行为心理过程的理论主要包括弗鲁姆的"期望理论"、海德的"归因理论"和亚当斯的"公平理论"等。

偏重行为改变的理论是斯金纳的"强化理论"和亚当斯的"挫折理论"。

### 1. 弗鲁姆的期望理论

期望理论，又称"效价-手段-期望理论"，是由北美著名心理学家和行为科学家维克托·H. 弗鲁姆（Victor H. Vroom）于 1964 年在《工作与激励》中提出来的激励理论。期望理论是以三个因素反映需要与目标之间的关系的。期望理论认为，人们之所以采取某种行为，是因为他觉得这种行为可以有把握地达到某种结果，并且这种结果对他有足够的价值。用公式可以表示为：

$$M = \Sigma V \times E$$

其中：$M$ 表示激发力量，是指调动一个人的积极性，激发人内部潜力的强度；$V$ 表示效价，是指达到目标对于满足个人需要的价值；$E$ 是期望值，是人们根据过去经验判断自己达到某种目标或满足需要的可能性是大还是小，即能够达到目标的主观概率。

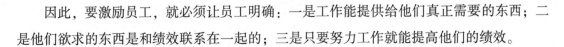

因此，要激励员工，就必须让员工明确：一是工作能提供给他们真正需要的东西；二是他们欲求的东西是和绩效联系在一起的；三是只要努力工作就能提高他们的绩效。

### 2. 海德的归因理论

归因理论是美国心理学家海德于 1958 年提出的，后由美国心理学家韦纳及同事的研究而再次活跃。

归因理论是探讨人们行为的原因与分析因果关系的各种理论和方法的总称。归因理论侧重于研究个人以解释其行为原因的认知过程，即研究人的行为受到激励是"因为什么"的问题。

1958 年他在《人际关系心理学》一书中从朴素心理学的角度提出了归因理论。主张从行为结果入手探索行为的原因，将个人行为产生的原因分为内部和外部两大类。内部原因是指个体自身所具有的、导致其行为表现的品质和特征，包括个体的人格、情绪、心境、动机、需求、能力、努力等；外部原因指个体自身以外的、导致其行为表现的条件和影响，包括环境条件、情境特征、他人影响等。

在海德之后，也有很多科学家研究和拓展了海德的归因理论，比如琼斯（Jones）和戴维斯（Davis）的"对应推断理论"。这个理论主张，当人们进行个人归因时，就要从行为及其结果推导出行为的意图和动机。一个人所拥有的信息越多，他对该行为所做出的推论的对应性就越高。一个行为越是异乎寻常，观察者对其原因推论的对应性就越大。

### 3. 亚当斯的公平理论

公平理论又称社会比较理论，是美国行为科学家伯尔赫斯·弗雷德里克·斯塔西·亚当斯（Burrhus Frederic Stacy Adams）在《工人关于工资不公平的内心冲突同其生产率的关系》《工资不公平对工作质量的影响》《社会交换中的不公平》等著作中提出来的一种激励理论。该理论侧重于研究工资报酬分配的合理性、公平性及其对职工生产积极性的影响。

该理论的基本要点是：人的工作积极性不仅与个人实际报酬多少有关，而且与人们对报酬的分配是否感到公平更为密切。人们总会自觉或不自觉地将自己付出的劳动代价及其所得到的报酬与他人进行比较，并对公平与否做出判断。公平感直接影响职工的工作动机和行为。因此，从某种意义来讲，动机的激发过程实际上是人与人进行比较，做出公平与否的判断，并据以指导行为的过程。

### 4. 斯金纳的强化理论

强化理论是美国心理学家和行为科学家斯金纳①（Skinner）等人提出的一种理论。所谓强化是指增强某人之前的某种行为重复出现次数的一种权变措施。现代的 S-R 心理学家不仅用强化来解释操作学习的发生，而且也用强化来解释动机的引起。人类从事的众多有意义的行为都是操作性强化的结果，例如步行上学、读书写字、回答问题等等。斯金纳强化理论认为在操作条件作用的模式下，如果一种反应之后伴随一种强化，那么在类似环境里发生这种反应的概率就增加。而且，强化与实施强化的环境一起，都是一种刺激，人们可以以此来控制反应。因此，管理人员就可以通过强化的手段，营造一种有利于组织目标实现的环境和氛围，以使组织成员的行为符合组织的目标。

### 5. 亚当斯的挫折理论

挫折理论是由美国的亚当斯提出的，挫折是指人类个体在从事有目的的活动过程中，指向目标的行为受到障碍或干扰，致使其动机不能实现，需要无法满足时所产生的情绪状态。挫折理论主要揭示人的动机行为受阻而未能满足需要时的心理状态，并由此而导致的行为表现，力求采取措施将消极性行为转化为积极性、建设性行为。挫折是一种个人主观的感受，面对同一遭遇，有人可能构成强烈挫折的情境，而另外的人则并不一定构成挫折。挫折理论所注重的不是挫折而是挫折感。挫折是客观存在的，但挫折感是主观的。

挫折对人的影响具有两面性：一方面，挫折可增加个体的心理承受能力，使人猛醒，吸取教训，改变目标或策略，从逆境中重新奋起；另一方面，挫折也可使人们处于不良的心理状态中，出现负向情绪反应，并采取消极的防卫方式来对付挫折情境，从而导致不安全的行为反应，如不安、焦虑、愤怒、攻击、幻想、偏执等。

现代职场中，很多人都面临着各种各样的压力，很多员工甚至包括总经理或部门经理，他们在工作中也会经常有挫折感。作为主管也好，或者从事人力资源工作也好，甚至企业专门的心理辅导部门也好，要积极了解人员的心理变化，疏导好心情，尽量保证员工可以积极地投入工作。能够有效地疏通员工的挫折感，善于运用挫折感来改变员工的工作行为，也是一种很重要的激励方式。但实际职场中，可能主管或经理更擅长给员工制造挫折，给予员工严厉的批评，而非常吝啬自己的表扬和赞美或者自己的同情心。

了解了这些有关激励的理论，对于我们理解和预测员工的行为表现是非常有帮助的。这些理论也可以帮助人力资源专业人士在制定相关政策和制度的时候能够更好地引导员工的行为。

---

① 伯尔赫斯·弗雷德里克·斯金纳（1904—1990），美国心理学家，新行为主义学习理论的创始人，也是新行为主义的主要代表人物。

# 第四节 人力资源管理的角色定位及职责

## 一、人力资源管理的角色定位

### (一) 人力资源管理者的六角色论

我们在企业实践过程中,通过对国内企业以及全球人力资源管理的研究,提出了人力资源管理的六种角色模型,这也是通过问卷调查以及通过对全球人力资源管理模型的研究得出来的六要素模型。

1. 专家角色

要具备一定的专业技能,懂得运用系统和工具去推行人力资源管理,以其人力资源专业知识与技能赢得组织成员的尊重。

2. 战略伙伴角色

能理解企业的战略,熟悉企业提供系统化的人力资源管理解决方案。具体地说:第一,能解读企业的战略,理解企业的战略,思考企业战略对人力资源管理提出了什么样的要求,能领悟企业高层的战略意图;第二,要成为企业战略伙伴就必须了解企业员工,甚至了解客户;第三,必须具有很强的专业能力,有制定基于企业战略的人力资源规划能力,以及支持企业战略规划的人力资源专业管理能力;第四,必须基于客户价值导向,提供人力资源的系统解决方案,既要为高层提供人力资源解决方案,去影响并促进高层在进行决策时把人力资源管理纳入整个战略决策体系中,又要从权利驱动真正转向客户价值驱动,为员工提供人力资源产品与服务。

3. 业务伙伴角色

为公司的业务运转提供人力资源及流程改善等支持,解决业务运转中与人有关的问题,推动业务发展,成为业务伙伴。

4. 员工服务者角色

人力资源管理者既要对股东负责又要对员工负责,所以任何的 HR 管理者在整个价值判断体系中必须具有平衡各种相关利益的能力。过去的职业经理人只需要对股东负责,现在必须站在股东、客户、员工的立场上,从多维的角度为企业发展提供系统的人力资源管理解决方案。

## 5. 变革推动者

一个企业组织的变革、流程的变革，从深层次来讲是人的思维方式、价值观、行为理念的变革，它需要靠人力资源管理制度的创新来推动变革的实施，所以在企业变革中，HR 管理者要变参与为推动。

## 6. 知识管理者角色

从国外人力资源发展趋势中可以看到，战略性人力资源管理往上走就是知识管理。要把人力资源转化成为自身企业核心竞争力，最终要靠知识，所以人力资源管理的转化过程在于知识的储存、知识的应用、知识的创新。知识管理已经成为现在人力资源管理的一个很重要的概念。知识管理是跟组织学习、企业信息化、企业的创新结合在一起的，人力资源管理如何跟整个知识体系结合在一起，这已成为人力资源未来发展一个重要的课题。

## （二）四角色论

戴夫·乌尔里克被誉为人力资源管理的开创者，他最早提出了"人力资源"（Human Resource）的概念。在此之前，人力资源被称为"人事管理"（Human Management）。乌尔里克认为，现在唯一剩下的有竞争力的武器就是组织，因为那些传统的竞争要素，如成本、技术、分销、制造以及产品特性，或早或晚都能被复制，它们无法保证你就是赢家。在新经济中，胜利将来源于组织能力，包括速度、响应性、敏捷性、学习能力和员工素质。而人力资源部的新使命就牵涉到卓越的组织能力的培养。

事实上，人们曾经一度质疑是否应该在公司里撤销人力资源部。一些商业研究人员以及企业高管们常常就此问题展开争论。人们开始怀疑人力资源部对公司业绩的贡献到底有多大，因为在很多时候，它都无所作为，对很多事情也都无能为力，而且开支也不菲。但实际情况是：无论今天或未来，管理者始终面临各种竞争挑战，这就要求组织不断提升其能力、实现出色运作，而提升组织能力绝对是人力资源部的分内之事。

因此，高层经理所面对的问题不再是"应不应该撤销人力资源部"，而是"应如何发挥人力资源部的作用"。答案是：我们要为人力资源部门制定全新的职能和纲领，让它不再把重心放在员工招聘或薪资福利这样的传统活动上，而是把重心放在结果上。也就是说，人力资源部的意义并不在于做了多少事情，而在于它给企业带来什么成果——能够帮助企业创造多少价值，为客户、投资者和员工提供多少增加值。

简单地说，人力资源部门应当扮演四个新角色。

1. 战略执行伙伴

制定战略是公司管理团队的责任，要想成为管理层的合格战略伙伴，人力资源经理应该引导大家讨论公司需要采取什么样的组织形式来执行战略，具体来说：第一，人力资源部应负责制定企业的组织架构；第二，人力资源部必须承担组织审查的职责；第三，为组织架构亟须变革之处提供解决方法；第四，人力资源部必须评估自己手头的工作并分清任务的轻重缓急。

2. 管理专家

多年来，人们总是把人力资源部的职员看作行政人员。然而，作为行政专家这个新角色，他们需要摆脱维护制度的"传统警察"形象，同时又要确保公司的日常工作全部顺利进行。为了实现从行政人员到行政专家的角色转换，人力资源部必须提高自身和整个组织的工作效率。

3. 员工激励者

人力资源部有责任确保员工对公司的积极投入。为此，它必须负责培训和指导直线管理人员，使他们明白保持员工的士气高昂有多么重要，以及如何实现这一目标。此外，人力资源部应该向员工提供个人与职业发展机会，并提供各种资源以帮助员工达到公司对他们的要求。人力资源部还要充当员工的代言人——在管理层面前他们必须代表员工利益，在管理层讨论中他们必须替员工说话。

4. 变革推动者

人力资源部的第四项新职责就是帮助组织形成应对变革和利用变革的能力。新的人力资源部还要确保公司的愿景宣言（如我们要成为我们这一行的全球领先者）能够转化为具体行动。作为变革推动者，人力资源部员工不需要自己实施变革，但是要确保变革在公司上下得到执行。

人力资源部的新使命要求人力资源从业人员彻底改变自己的思维方式和行为方式。同时，新使命还要求高管人员改变对人力资源部的期望及与人力资源部打交道的方式。他们应当向人力资源部提出更高的要求，把人力资源部当作一项业务来投资，并克服对人力资源专员的成见——认为他们只是些没什么本事、只会损害公司价值的辅助性人员。

## 二、人力资源管理的职责分担

在现代人力资源管理者中的参与者中，越来越强调人力资源管理不仅是人力资源部门的事情，更是各层各类管理者的职责。因此，必须对人力资源管理者的各类参与者进行明确的界定，并且对其职能进行合理的定位，有效地促进企业内部的人力资源管理的职责分担，从而使人力资源管理真正变成企业的战略伙伴和人力资源管理产品的开发者和提供者。我们认为，在企业中，参与人力资源管理的主要责任主体包括公司的高层管理者、直线管理人员、人力资源部和公司的每一名员工，确定关于他们各自在人力资源管理中的角色和职责概述如下。

## （一）高层管理者的职责

第一，主持或提出并确定人力资源管理的理念并达成共识（导向把握者）。

第二，确定人力资源的发展战略与目标（战略倡导者）。

第三，制定人力资源的政策与制度体系（政策制定者）。

第四，组建各级领导管理团队及核心团队：人才的选拔、配置、应用、开发与激发（团体建设者）。

第五，承担人力资源管理责任，建立组织保障：成立人力资源决策委员会作为保障机制，不仅述职而且述能。

第六，组织整体绩效目标与标准的确定，主持并参与绩效述职与绩效面谈，承担本部门或本系统的绩效责任。

第七，对所属员工的成长和发展承担责任：培育、开发、约束、激励。

第八，发现并推荐优秀员工。

## （二）直线管理人员的职责

第一，参与人力资源管理理念与政策的确定。

第二，贯彻执行人力资源的理念与战略举措（政策执行者）。

第三，配合公司人力资源的各项举措提出本系统、本部门的解决方案（具体措施制定者）。

第四，营造良好的企业团队文化氛围（氛围营造者）。

第五，依据部门业务发展提出部门用人计划。

第六，参与部门岗位与职责设计与职务分析。

第七，制订本部门（团队）绩效目标与绩效计划，并对绩效最终结果承担责任，主持本部门绩效考核面谈。

第八，辅导员工制订行动计划，并对绩效进行评估。

第九，与员工进行有效的沟通，对员工的行为进行指导、约束与激励。

第十，参加人员的招募与人才选拔，发现并推荐优秀人才。

## （三）人力资源部门的职责

第一，参与制定公司战略，建设与推进企业文化。

第二，系统规划与构建人力资源管理体系并推进实施。

第三，提供人事服务，促进组织内的沟通交流，营造内部和谐气氛，提供心理咨询。

第四，与业务经理共同承担组织的绩效目标，使 HR 管理流程、活动和业务流程相适应、相匹配，为业务经理提供合适有效的人力资源方案。

第五，主动参与变革，引导变革中员工的理念和行为，营造变革的文化氛围；提供变革中人力资源问题的系统解决方案。

第六，推进企业内部的知识共享，创建学习型组织。

## （四）员工的职责

员工的职责就是由他律到自律、自我开发与管理、积极参与等。具体体现在以下方面。

第一，忠诚于公司，要做一名诚实的员工。

第二，勇于承担责任，尽职尽责，不找任何借口。

第三，增强职业素养，永远保持工作的乐趣、激情。

第四，善于与他人合作，具有团队精神。

第五，积极快乐执行，突破困境。

# 第二章 人力资源管理的基础性工作

## 第一节 人力资源规划

### 一、人力资源规划的基本知识

#### （一）人力资源规划的概念

在 20 世纪 70 年代之后，人力资源规划成为人力资源战略管理过程中的一个重要环节。许多企业以及大量的组织开始意识到人力资源规划的作用，认识到人力资源规划是人力资源管理中最关键的部分，它关系到整个人力资源战略的实施。因此，作为未来或正在从事人力资源管理的人员都必须认识到在一个迅速变化的环境里，仔细研究并部署人力资源战略会形成一个更加灵活、更加合适的组织，最终实现其战略目标。

人力资源规划实际上是根据企业的战略规划，对企业未来的人力资源的需求以及供给状况做出分析和预测，并在这个基础上，制定相应的人力资源获取、利用、保持和开发政策，采取职务编制、员工招聘、测试甄选、培训开发、薪酬设计以及未来预算等人力资源管理手段，以确保组织在需要的时间和需要的岗位上获得各种所需的人才，使企业人力资源与企业发展相适应的综合性发展规划。

通常，人力资源规划与组织战略之间有着十分密切的联系。组织的长远战略目标是人力资源规划的前提，并且，当组织的战略发生改变时，或无论是经营目标发生变化，还是经营方式发生改变，人力资源规划都会发生变化。人力资源战略规划属于企业经营战略的一种，涉及人员招聘、甄选、薪酬、培训等人力资源里的诸多板块，在整个人力资源管理的大系统中具有领头羊的重要位置和作用。人力资源规划应对人力资源管理大系统中的其他板块——企业员工的获取与配置、培训与开发、薪酬和福利等各种人力资源管理活动的目标、任务、实施步骤和资金预算，在时间上做出详细的计划和安排。只有对人员进行合理配置，才能使每位企业员工各司其职，有条不紊地展开工作。因而可以说，人力资源规划是企业各项管理工作的依据。如果没有事先对人力资源进行规划，人力资源的管理活动就会一片混乱。

## （二）影响人力资源规划的因素

第一，宏观经济剧变。例如，从计划经济走向市场经济、全球性的金融危机、人口流动迅速增加等。

第二，企业管理层变更。高层管理人员的变化会使企业的战略目标发生变化，进而影响到企业的人力资源规划。

第三，政府的政策法规。政府出于各种需要，制订、修订或取消一些政策法规，进而影响到企业的人力资源规划，例如，外来人员的用工制度、工资最低限制线、员工的保险制度等。

第四，技术创新换代。市场的竞争极大地推动了技术发展，电脑的广泛使用以及一些新技术的推广出乎人们的预料，这样会改变企业中原来的人力资源需求与供应，进而影响人力资源规划。

第五，企业的经营状况。一旦企业的经营状况不佳，或者明显好于预想，也可能影响到企业的人力资源规划。

第六，人力资源部门人员的素质。一个企业的人力资源规划在一定程度上反映了该企业人力资源部门人员的素质。反之，人力资源部门人员素质的高低当然也会影响到人力资源规划。

## （三）人力资源规划的内容

人力资源规划包括总体规划和业务规划。总体规划是在一定时期内人力资源的总目标。业务规划是总体规划的展开和具体化。

### 1. 人力资源总体规划

人力资源总体规划是人力资源管理活动的基础，它是以企业战略目标为基础，对规划期内人力资源管理的总目标、总政策、实施步骤和总预算的安排。总体规划的主要内容有如下几方面。

第一，阐述在企业战略规划期内，组织对各种人力资源的需求和各种人力资源配置的总框架。

第二，阐明人力资源方面有关的重要方针、政策和原则，如人才的招聘、晋升、降职、培训与发展、奖惩和工资福利等方面的重大方针和政策。

第三，确定人力资源投资预算。

## 2. 人力资源业务规划

人力资源业务规划，是指总体规划的具体实施和人力资源管理具体业务的部署。它是人力资源总体规划的展开和具体化，其执行结果应能保证人力资源总体规划目标的实现。人力资源业务规划主要包括人员配备计划、人员补充计划、人员使用计划、人员培训与开发计划、绩效考核计划、薪酬激励计划、劳动关系和员工参与及团队建设计划、退休解聘计划等。每一项业务计划都由目标、政策或办法及预算等部分构成。

应当注意人力资源业务规划内部的平衡。例如，人员补充计划与培训计划之间，人员薪酬计划与使用计划、培训开发计划之间的衔接和协调。当企业需要补充某类员工时，如果信息能及早到达培训部门，并列入人员培训开发计划，则这类员工就不必从外部补充。又如，当员工通过培训开发提高了素质，而在使用和薪酬方面没有相应的政策和措施，就容易挫伤员工接受培训开发的积极性。

## （四）人力资源规划的意义

人力资源规划是人力资源管理工作的一个重要职能，也是人力资源管理工作的基础。人力资源规划的作用体现在以下几方面。

第一，有利于组织制定战略目标和发展规划。人力资源规划是组织发展战略的重要组成部分，同时也是实现组织战略目标的重要保证。

第二，确保组织生存发展过程中对人力资源的需求。人力资源部门必须分析组织人力资源的需求和供给之间的差距，制订各种规划来满足对人力资源的需求。

第三，有利于人力资源管理活动的有序化。人力资源规划是企业人力资源管理的基础，它由总体规划和各种业务计划构成，为管理活动（如确定人员的需求量、供给量、调整职务和任务、培训等）提供可靠的信息和依据，进而保证管理活动的有序化。

第四，有利于调动员工的积极性和创造性。人力资源管理要求在实现组织目标的同时，也要满足员工的个人需要（包括物质需要和精神需要），这样才能激发员工持久的积极性。只有在人力资源规划的条件下，员工对自己可以满足的东西和满足的水平才是可知的。

第五，有利于控制人力资源成本。人力资源规划有助于检查和测算出人力资源规划方案的实施成本及其带来的效益，通过人力资源规划预测组织人员的变化，调整组织人员的结构，把人工成本控制在合理的水平上，这是组织持续发展不可缺少的环节。

第六，合理地规划利用有限的人力资源为企业创造价值和利益。

## 二、人力资源规划制订

### （一）人力资源规划制订的基本原则

在制订人力资源规划时，应遵循以下原则。

第一，充分考虑内部、外部环境的变化。人力资源计划只有充分地考虑了内部、外部环境的变化，才能适应需要，真正地做到为企业发展目标服务。内部变化主要指销售的变化、开发的变化，或者说企业发展战略的变化，还有公司员工的流动变化等；外部变化指社会消费市场的变化、政府有关人力资源政策的变化、人才市场的变化等。为了更好地适应这些变化，在人力资源计划中应该对可能出现的情况做出预测和风险变化，最好能有面对风险的应对策略。

第二，确保企业的人力资源保障。企业的人力资源保障问题是人力资源计划中应解决的核心问题。它包括人员的流入预测、流出预测、人员的内部流动预测、社会人力资源供给状况分析、人员流动的损益分析等。只有有效保证对企业的人力资源供给，才可能进行更深层次的人力资源管理与开发。

第三，保证企业和员工都得到长期的利益。人力资源计划不仅是面向企业的计划，也是面向员工的计划。企业的发展和员工的发展是互相依托、互相促进的关系。如果只考虑企业的发展需要，而忽视了员工的发展，则会阻碍企业发展目标的实现。优秀的人力资源计划，一定是能够使企业员工达到长期利益的计划，一定是能够使企业和员工共同发展的计划。

### （二）人力资源规划制订的一般流程

#### 1. 收集有关信息资料

收集有关信息资料，是指分析企业所处的外部环境及行业背景，提炼对于企业未来人力资源的影响和要求；对企业未来发展目标及目标实现所采取的措施和计划进行澄清和评估，提炼对于企业人力资源的需求和影响。

企业正式制订人力资源规划前，必须向各职能部门索要企业整体战略规划数据、企业组织结构数据、财务规划数据、市场营销规划数据、生产规划数据、新项目规划数据、各部门年度规划数据信息，整理企业人力资源政策数据、企业文化特征数据、企业行为模型特征数据、薪酬福利水平数据、培训开发水平数据、绩效考核数据、企业人力资源人事信息数据、企业人力资源部职能开发数据。人力资源规划专职人员负责从以上数据中提炼出所有与人力资源规划有关的数据信息，并且整理编报，为人力资源规划提供基本数据。

### 2. 人力资源现状分析

人力资源现状分析，是指对现有员工数量、质量、结构等进行静态分析，对员工流动性等进行动态分析，对人力资源管理关键职能进行效能分析。具体包括企业现有员工的基本状况、员工具有的知识与经验、员工具备的能力与潜力开发情况、员工的普遍兴趣与爱好、员工的个人目标与发展需求、员工的绩效与成果、企业近几年人力资源流动情况、企业人力资源结构与现行的人力资源政策等。

### 3. 人力资源需求预测

人力资源需求预测，是指通过对组织、运作模式的分析及对各类指标与人员需求关系进行分析，提炼企业人员配置规律，对未来实现企业经营目标的人员需求进行预测。需求分析的主要任务是分析影响企业人力资源需求的关键因素，确定企业人力资源队伍的人才分类、职业定位和质量要求，预测未来人才队伍的数量，明确与企业发展相适应的人力资源开发与管理模式。

### 4. 人力资源供给预测

人力资源供给预测分为企业内部人力资源供给预测和企业外部人力资源供给预测。

企业内部人力资源供给预测主要明确的是企业内部人员的特征，如年龄、级别、素质、资历、经历和技能，收集和存储有关人员发展潜力、可晋升性、职业目标及采用的培训项目等方面的信息。这主要是预测通过企业内部岗位的调动，判断实际对需求的补充量。

企业外部人力资源供给预测包括本地区人口总量与人力资源比率、本地区人力资源总体构成、本地区的经济发展水平、本地区的教育水平、本地区同一行业劳动力的平均价格与竞争力、本地区劳动力的择业心态与模式、本地区劳动力的工作价值观、本地区的地理位置对外地人口的吸引力、外来劳动力的数量与质量、本地区同行业对劳动力的需求等。

### 5. 确定人力资源净需求

确定人力资源净需求，是指在对员工未来的需求与供给预测数据的基础上，将本组织人力资源需求的预测数与在同期内组织本身可供给的人力资源预测数进行对比分析，从比较分析中测算出各类人员的净需求。这里所说的净需求既包括人员数量，又包括人员的质量、结构。既要确定需要多少人，又要确定需要什么样的人，数量和质量要对应起来。这样就可以有针对性地进行招聘或培训，为组织制定有关人力资源的政策和措施提供了依据。

### 6. 制订人力资源规划

制订人力资源规划，是指根据组织战略目标及本组织员工的净需求，制订人力资源规划，包括总体规划和各项业务计划，同时要注意总体规划和各项业务计划及各项业务计划之间的衔接和平衡，提出调整供给和需求的具体政策和措施。

### 7. 实施和评估人力资源规划

人力资源规划的实施是人力资源规划的实际操作过程，要注意协调好各部门、各环节之间的关系。人力资源规划在实施过程中需要注意以下几点。

第一，必须有专人负责既定方案的实施，要赋予负责人拥有保人力资源规划方案实现的权利和资源。

第二，要确保不折不扣地按规划执行，在实施前要做好准备，在实施时要全力以赴。

第三，要有关于实施进展状况的定期报告，以确保规划能够与环境、组织的目标保持一致。在实施人力资源规划的同时，要对其进行定期与不定期的评估。这具体从如下三方面进行：一是是否忠实执行了本规划；二是人力资源规划本身是否合理；三是将实施的结果与人力资源规划进行比较，通过发现规划与现实之间的差距来指导以后的人力资源规划活动。

### 8. 规划的反馈与修正

对人力资源规划实施后的反馈与修正是人力资源规划过程中不可缺少的步骤。评估结果出来后，应进行及时反馈，进而对原规划的内容进行适时修正，使其更符合实际，更好地促进组织目标的实现。

## （三）人力资源规划制订应注意的问题

在制订人力资源规划时应注意以下问题。

一是全局性。人力资源规划的制订应从全局的角度出发，应具有全局的思想，应概括总体及各局部之间联系的宏观问题。影响总体或全局的某些重要局部问题也应包括在内。

二是重点性。人力资源的发展是多方面的，而规划工作应该是重要的工作内容。要抓住人力资源发展的主要矛盾的主要方面，即关键的问题、关键的环节、关键的内容。只有抓住关键要素，人力资源规划才能发挥作用。

三是发展性。人力资源规划应体现出总体发展的特征，任何工作都是在不断向前发展的，人力资源工作也是如此。因此规划的各层次都应体现出发展。

四是创新性。人力资源的规划是对未来人力资源宏观工作的指导，而未来组织内外的影响因素都不可能与过去完全一样，所以每一期的规划都应该具有创新性，以适应新环境或新时期的要求。

五是稳定性。作为规划被确定下来后，在总体上应保持相对的稳定性，不能任意调整、朝令夕改，因为调整的代价是高昂的。只有相对稳定，才便于执行。

六是适应性。人力资源规划要适应外部环境和内部环境。当社会经济整体上的形势处于大发展时期，相关的政策、法规等环境都有利于发展战略的实施时，组织的战略规划应与之适应以求得较大的发展。

## 三、人力资源供需预测

### （一）人力资源需求预测

人力资源需求预测，是指根据企业的发展规划和企业的内外条件，选择适当的预测技术，对人力资源需求的数量、质量和结构进行预测。它是公司编制人力资源规划的核心和前提。

**1. 人力资源需求预测的具体步骤**

人力资源需求预测分为现实人力资源需求预测、未来人力资源需求预测和未来流失人力资源需求预测三部分。具体预测步骤如下。

（1）根据职务分析的结果，确定职务编制和人员配置。

（2）进行人力资源盘点，统计出人员的缺编、超编及是否符合职务资格要求。

（3）将上述统计结论与部门管理者进行讨论，修正统计结论。

（4）该统计结论为现实人力资源需求。

（5）根据企业发展规划，确定各部门的工作量。

（6）根据工作量的增长情况，确定各部门还须增加的职务及人数，并进行汇总统计。

（7）该统计结论为未来人力资源需求。

（8）对预测期内退休的人员进行统计。

（9）根据历史数据，对未来可能发生的离职情况进行预测。

（10）将（8）和（9）统计和预测的结果进行汇总得出未来流失人力资源需求。

（11）将现实人力资源需求、未来人力资源需求和未来流失人力资源需求汇总，即得企业整体人力资源需求预测。

**2. 人力资源需求预测的方法分类**

人力资源需要预测的方法包括定性方法和定量方法两大类。其中，定性方法包括现状规划法、经验预测法、描述法、德尔菲法；定量方法包括比率分析法、劳动定额法、回归分析法、趋势预测法。

（1）人力资源需求预测的定性方法

现状规划法。人力资源现状规划法是一种最简单的预测方法，较易操作。它是假定企业保持原有的生产和生产技术不变，则企业的人力资源也应处于相对稳定状态，即企业各种人员的配备比例和人员的总数将完全能适应预测规划期内人力资源的需要。在此预测方法中，人力资源规划人员要做的工作是测算出在规划期内有哪些岗位上的人员将得到晋升、降职、退休或调出，再准备调动人员去弥补就行了。

经验预测法。经验预测法就是利用现有资料，根据有关经验，结合本公司特点，对公司人员需求加以预测。经验预测法可以采用"自下而上"和"自上而下"两种方式。"自下而上"的预测方式是由直线部门的经理向自己的上级主管提出用人要求和建议，征得上级主管的同意；"自上而下"的预测方式是由公司高层先拟定公司总体的用人目标和建议，然后由各级部门自行确定用人计划。公司最好是将"自下而上"与"自上而下"两种方式结合起来综合运用。先由公司提出人才需求的指导性意见，再由各部门按相关要求，会同各部门情况确定其需求；同时，由人力资源部门汇总确定全公司的用人需求，最后将形成的人员需求预测交由公司审批。这种方法简单易行，在实际工作中应用广泛。

描述法。描述法是人力资源规划人员通过对本企业在未来某一时期的有关因素的变化进行描述或假设，并从描述、假设、分析和综合中对将来人力资源的需求进行预测规划。由于这是假定性的描述，人力资源需求要有几种备选方案，目的是适应和应对环境因素的变化。

德尔菲法。德尔菲法又名专家会议预测法，是 20 世纪 40 年代末在美国兰德公司的"思想库"中发展出来的一种主观预测方法。德尔菲法分几轮进行，每一轮都要求专家以书面形式提出对企业人力资源需求的预测结果。反复几次直至得出大家都认可的结果。通过这种方法得出的是专家们对某一问题的看法所达成一致的结果。因此有时也称"专家预测法"。采用德尔菲法的步骤如下：①整理相关的背景资料并设计调查的问卷，明确列出需要专家们回答的问题；②将背景资料和问卷发给专家，由专家对这些问题进行判断和预测，并说明自己的理由；③由中间人回收问卷，统计汇总专家们预测的结果和意见，将这些结果和意见反馈给专家们，进行第二轮预测；④再由中间人回收问卷，将第二轮预测的结果和意见进行统计汇总，接着再进行下一轮预测；⑤经过多轮预测之后，当专家们的意见基本一致时就可以结束调查，将预测的结果用文字或图形加以表述。

采用德尔菲法时需要注意以下几个问题：①专家人数一般不少于 30 人，问卷的回收率应不低于60%，以保证调查的权威性和广泛性；②提高问卷质量，问题应该符合预测的目的并且表达明确，保证专家都从同一个角度去理解问题，避免造成误解和歧义；③要给专家提供充分的资料和信息，使他们能够进行判断和预测，同时结果不要求十分精确，专家们只要给出粗略的数字即可；④要取得参与专家的支持，确保他们能够认真进行每一次预测，同时也要向公司高层说明预测的意义和作用，以取得他们的支持。

（2）人力资源需求预测的定量方法

比率分析法。比率分析法是通过特殊的关键因素和所需人员数量之间的比率来确定未来人力资源需求的方法。该方法主要是根据过去的经验，将企业未来的业务活动水平转化为对人力资源的需要。

比率分析法的步骤如下：①根据需要预测的人员类别选择关键因素；②根据历史数据，计算出关键因素与所需人员数量之间的比率值；③预测未来关键因素的可能数值；④根据预测的关键因素数值和比率值，计算未来需要的人员数量。

选择关键因素非常重要，应该选择影响人员需求的主要因素，并且要容易测量、容易预测，还应该与人员需求存在一个稳定的、较精确的比率关系。由于选择的关键因素不同，可以将比率分析法再细分为两类，即生产率比率分析法和人员结构比率分析法。

生产率比率分析法的关键因素是企业的业务量，如销售额、产品数量等，根据业务量与所需人员的比率关系，可直接计算出需要的人员数量。例如，要预测未来需要的销售人员数量、未来需要的生产工人数量、未来需要的企业总人数，可分别用以下公式计算：

$$销售收入 = 销售人员数量 \times 人均销售额$$
$$产品数量 = 生产工人数量 \times 人均生产产品数量$$
$$经营收益 = 企业总人数 \times 人均生产率$$

运用比率分析法的前提条件是生产率保持不变，如果生产率发生变动，则按比率计算出来的预测人员数量会出现较大的偏差。

例如，一个工人一个月生产800个零件，计划下月生产8000个零件，如果生产率不变，则下个月需要10个工人。如果下个月因为改进设备，每个工人的月产量提高为生产1000个零件，那就只需要8个工人。可见，如果生产率变动，则上述的方法将不再适用。

为了扩大方法的适用范围，也为了更加符合现实情况，可以把生产率变化的影响考虑到公式，从而得到以下公式：

$$所需要的人力资源数量 = \frac{未来的业务量}{目前人均的生产效率(1 + 生产效率的变化率)}$$

使用这种方法进行预测时，需要对未来的业务量、人均生产效率及其变化做出准确的估计，这样对人力资源需求的预测才会比较符合实际，而这往往是比较难做到的。

劳动定额法。劳动定额法是根据劳动者在单位时间内应完成的工作量和企业计划的工作任务总量推测出所需要的人力资源数量。具体的公式如下：

$$N = \frac{W}{Q(1 + R)}$$

其中：$N$ 为人力资源需求量；$W$ 为计划内任务完成总量；$Q$ 为企业现行定额；$R$ 为计划期内生产率变动系数。

回归分析法。回归分析法是运用数学中的回归原理对人力资源需求进行预测。这是数理统计学中的方法，比较常用。它是处理变量之间相互关系的一种统计方法。这种方法中，最简单的是一元线性回归分析，其他还有多元线性回归分析和非线性回归分析。一般而言，人力资源需求量变化起因于多种因素，故可考虑用多元线性回归分析。

回归分析法是通过寻找人力资源需求量预期影响因素（一种或多种）之间的函数关系，从影响因素的变化推知人力资源需求量的变化。在此方法中，通常将人力资源需求量称为因变量，将影响因素称为自变量。当然，当自变量的个数不同时，只考虑一个影响因素建立的模型采用线性回归；考虑多个影响因素建立的模型，则要采用多元统计分析方法。单变量趋势外推法属于一元回归分析，它只是根据整个企业或企业中各部门过去的人员数量变动趋势来对未来的人力资源需求进行预测，而不考虑其他因素对人力资源需求量的影响。其基本的计算公式如下：

$$计划期末所需员工数量 = \frac{目前业务量 + 计划业务量的增长}{目前人均业务量 \times (1 + 生产增长率)}$$

趋势预测法。趋势预测法是利用企业的历史资料，根据某些因素的变化趋势，预测相应的某段时期人力资源的需求。趋势预测法在使用时一般都要假设其他的一切因素都保持不变，或者变化的幅度保持一致，往往忽略了循环波动、季节波动和随机波动等因素。一般常用的方法如下。

散点图分析法：该方法首先收集企业过去几年内人员数量的数据，并根据这些数据做出散点图，把企业经济活动中某种变量与人数间的关系和变化趋势表示出来。如果两者之间存在相关关系，则可以根据企业未来业务活动量的估计值来预测相关的人员需求量。同时，可以用数学方法对其进行修正，使其成为一条平滑的曲线，从该曲线中可以估计出未来的变化趋势。

幂函数预测模型。该模型主要考虑人员变动与时间的关系，其具体公式为：

$$R(t) = atb$$

其中：$R(t)$ 为 $t$ 年的员工人数；$a$，$b$ 为模型参数。$a$，$b$ 的值由员工人数历史数据确定，用非线性最小二乘法拟合幂函数曲线模型算出。

### 3. 影响人力资源需求预测的因素

人力资源需求预测所涉及的变量与企业经营过程所涉及的变量是共同的。人力资源需求的影响因素大体可分为以下三类。

**（1）企业外部环境因素**

随着社会经济的发展，人们对某些产品和服务的需求会增加或减少，因而会影响提供相应产品或服务的企业对人员需求的变化。社会、政治、法律等方面的原因也常常是导致人员需求变化的原因。技术变革与新技术的采用也会引起人员需求的变化。一方面，技术的革新使人均劳动生产率提高，对人员数量的需求可能会减少；另一方面，技术的变革也使得需要运用新技术进行工作的岗位出现人员空缺，需要招聘能够掌握新技术的人员。

**（2）企业内部因素**

企业的发展战略和经营规划，决定着企业的发展方向、速度、市场占有率等方面的水平，影响企业对人员的需求。

第一，企业的产品或服务的社会需求。一般情况下，在生产技术和管理水平不变的条件下，企业产品需求与人力资源需求成正比关系。

第二，企业所拥有的财务资源对人员需求的约束。如果财务预算高，就有条件雇用较多数量的人员，可以招到更高素质的人才；如果财务预算紧缩，就只能招收较少数量的人员和支付较低的工资。

第三，组织现有的人力资源状况。

**（3）人力资源自身因素**

人员需求的变化也可能是由人力资源自身的因素造成的。例如，老员工的退休、员工辞职、合同终止、意外死亡或疾病、各种原因的休假（病假、产假、探亲假等）都会产生工作岗位的空缺，需要招聘正式或临时员工来补充。

## （二）人力资源供给预测

人力资源供给预测是人力资源规划中的核心内容，是预测在未来某一时期，组织内部所能供应的（或经培训可能补充的）及外部劳动力市场所提供的一定数量、质量和结构的人员，以满足企业为实现目标而产生的人员需求。

人力资源供给预测与人力资源需求预测有所不同，人力资源需求预测研究的只是组织内部对于人力资源的需求，而人力资源供给预测则需要研究组织内部的和组织外部的人力资源供给两方面。

1. 人力资源供给预测的典型步骤

人力资源供给预测是一个比较复杂的过程，它的步骤也是多样化的，其典型的步骤如下。

（1）对企业现有的人力资源进行盘点，了解企业员工状况。

（2）分析企业的职位调整政策和历史员工调整数据，统计员工调整的比例。

（3）向各部门的人事决策者了解可能出现的人事调整情况。

（4）将步骤（2）和步骤（3）的情况汇总，得出企业内部人力资源供给预测。

（5）分析影响外部人力资源预测的地域性因素。此因素包括企业所在地的人力资源整体状况、企业所在地的有效人力资源的供求现状、企业所在地对人才的吸引程度、企业薪酬对所在地人才的吸引程度、企业所能提供的各种福利对所在地人才的吸引程度、企业本身对人才的吸引程度。

（6）分析影响外部人力资源供给的全国性因素。此因素包括全国相关专业的大学生毕业人数及分配情况、国家在就业方面的法规和政策、该行业全国范围的人才供需状况、全国范围从业人员的薪酬范围和差异。

（7）根据步骤（5）和步骤（6）的分析，得出企业外部人力资源的供给预测。

（8）将企业内部和企业外部人力资源供给预测汇总，得出企业人力资源供给预测。

这些步骤共同构成了人力资源供给预测。

2. 人力资源内部供给预测的方法

常用的人力资源内部供给预测的方法包括人力资源信息库（包括技能清单和管理才能清单）、人员核查法、马尔可夫模型等。

（1）人力资源信息库

人力资源信息库是计算机运用于企业人事管理的产物，它是通过计算机建立的记录企业每位员工技能和表现的功能模拟信息库。从人力资源信息库中可获取企业每位员工的晋升、调动、解聘等方面信息，它与传统的个人档案相比具有容量大、调用灵活方便、文字信息丰富充实等优点，能够确切反映员工流动信息。

人力资源信息库针对企业不同人员，大致可分为以下两类。

一是技能清单。技能清单的设计应针对一般员工（非管理人员）的特点，根据企业管理的需要，集中收集每位员工的岗位适合度、技术等级和潜力等方面的信息，为人事决策提供可靠信息。例如，某企业为一部门提出的技能清单由四部分组成：①主要说明员工的工作岗位、经验、年龄等；②介绍员工技术能力、责任、学历等；③对员工工作表现、提升准备条件等的评价；④对员工最近一次的客观评价，尤其是对工作表现的评价。

技能清单的内容须根据员工情况的变化而不断更新，一旦出现职位空缺，人力资源部便可根据它所提供的信息及时挑选合适人选。

二是管理才能清单。管理才能清单集中反映管理者的管理才能及管理业绩，为管理人员的流动决策提供有关信息。主要内容包括管理幅度范围、管理的总预算、下属的职责、管理对象的类型、受到的管理培训、当前的管理业绩等。

技能清单和管理才能清单是企业人力资源信息库的主要内容。正是因为人力资源信息库能够详细记录企业内部人员的知识和技能状况，能够使企业更加合理、更加有效地使用人力资源，所以建立人力资源信息库成为大多数企业信息系统管理工作的重点。

（2）人员核查法

人员核查法是通过对企业现有人力资源数量、质量、结构在各岗位上的分布状态进行核查，从而掌握企业可供调配的人力资源拥有量及其利用潜力，并在此基础上评价当前不同种类员工的供求状况，以确定晋升和岗位轮换的人选，确定员工特定的培训或发展项目的需求，并帮助员工确定职业开发计划与职业通路。其典型步骤如下：第一，对组织的工作种类进行分类，划分其级别；第二，确定每一职位、每一级别的人数。

（3）马尔可夫模型

马尔可夫模型是分析组织人员流动的典型矩阵模型。它的基本思想是：通过发现组织人事变动的规律，由此推测未来的人事变动趋势。马尔可夫模型实际是一种转换概率矩阵，使用统计技术预测未来的人力资源变化。马尔可夫模型通常分几个时期来收集数据，然后再得出平均值，利用这些数据代表每一种职位的人员变动的频率，就可以推测出人员的变动情况。

具体做法是将计划初期每一种工作的人数与每一种工作的人员变动概率相乘，然后纵向相加，得出组织内部未来劳动力的净供给量。

在实际应用中，一般采取弹性化方法进行调节，即估计出几种概率矩阵，得出几种预测结果，然后对不同预测结果进行综合分析，寻找较合理的结果。

### 3. 影响人力资源供给预测的因素

人力资源供给预测的影响因素包括以下两大类。

（1）外部人力资源供给的影响因素

对人力资源外部供给进行预测时，要考虑的因素主要有行业性因素、地域性因素、全国性因素等。

行业性因素。企业所处行业的状况，行业发展前景，行业内竞争对手的数量、实力及其在吸引人才方面的因素等。

地域性因素。包括企业所在地的人力资源现状，企业所在地对人力资源的吸引程度，当地的住房、交通、生活条件等。

全国性因素。包括对今后几年国家经济发展情况的预测、科学技术发展和变化的趋势、全国人口的增长趋势、全国范围内的劳动力市场状况、处于变动中的劳动力结构和模式、预期失业率、国家的政策法规等。

人口资源状况。人口资源状况决定了组织现有外部人力资源的供给状况，其主要影响因素包括人口规模、人口年龄和素质结构、现有的劳动力参与率等。

劳动力市场发育程度。社会劳动力市场发育良好将有利于劳动力自由进入市场，由市场工资率引导劳动力的合理流动；劳动力市场发育不健全及双轨制的就业政策，势必影响人力资源的优化配置，也给组织预测外部人员供给带来困难。

社会就业意识和择业心理偏好。一些城市失业人员宁愿失业也不愿从事苦、脏、累、险的工作。例如，应届大学毕业生普遍存在对职业期望过高的现象，大多数人希望进国家机关、大公司或合资企业工作，希望从事工作条件舒适、劳动报酬较高的职业，而不愿意到厂矿企业从事一般岗位的工作。这些都是社会就业意识和择业心理偏好的表现。

科学技术发展。科学技术的发展对组织人力资源供给有以下影响：掌握高科技的白领员工需求量增大，办公自动化普及使中层管理人员大规模削减，特殊人才相对短缺，第三产业人力资源需求量逐渐增大等。

（2）内部人力资源供给的影响因素

企业内部人力资源供给，主要依靠管理人员和技术人员的不断接续和替补。影响企业内部人力资源供给的因素包括企业人员年龄阶段分布、员工的自然流失、内部流动、跳槽、新进员工的情况、员工填充岗位空缺的能力等。

### （三）人力资源供需平衡预测

一般来说，人力资源需求与人力资源供给存在四种关系：供求平衡，即人力资源需求与人力资源供给相等；供不应求，即人力资源需求大于人力资源供给；供过于求，即人力资源需求小于人力资源供给；结构失衡，即某类人员供不应求，而其他类人员又供过于求。一般而言，在整个企业的发展过程中，企业的人力资源状况不可能自觉地始终处于人力资源供求平衡的状态，而是经常处于供需失衡的状态。

人力资源供需平衡是企业人力资源规划的目的，人力资源需求预测和人力资源供给预测都是围绕着人力资源供需平衡展开的。通过人力资源的平衡过程，企业才能有效地提高人力资源利用率、降低企业人力资源成本，从而最终实现企业的发展目标。

人力资源供需不平衡的状态分为三种：供不应求、供过于求和结构失衡。针对人力资源供求不平衡的三种不同状态有三种不同的调整措施。

#### 1. 供不应求

当预测企业的人力资源需求大于供给时，企业通常采用下列措施以保证企业的人力资源供需平衡。

第一，将符合条件而又处于相对富余状态的人员调往空缺职位。

第二，如果高技术人才出现短缺，可拟订培训与晋升计划，当企业内部无法满足时，再拟订外部招聘计划。

第三，如果短缺现象不严重，且本企业员工又愿意延长工作时间，贝阿根据劳动法的有关规定，制订延长工时并适当增加超时工作报酬计划。这只是一种短期的应急措施。

第四，重新设计工作岗位以提高员工的工作效率，形成机器替代人力资源的格局。

第五，制订聘用非全日制临时用工计划，如返聘已退休者或聘用小时工。

第六，制订聘用全日制临时用工计划。

第七，制定招聘政策，向企业外进行招聘。

#### 2. 供过于求

当预测企业人力资源供给大于需求时，企业通常会采用下列措施以保证企业的人力资源供求平衡。

第一，永久性辞退某些劳动态度差、技术水平低、劳动纪律观念差的员工。

第二，合并和关闭某些臃肿的机构。

第三，鼓励提前退休或内退，对一些接近而还未达退休年龄者，应制定一些优惠措施，如提前退休者仍按正常退休年龄计算养老保险工龄；有条件的企业还可以一次性发放部分奖金（或补助），鼓励提前退休。

第四，提高员工整体素质，如制订全员轮训计划，使员工始终有一部分在接受培训，为企业扩大再生产准备人力资本。

第五，加强培训工作，使员工掌握多种技能，增强竞争力。鼓励部分员工自谋职业，同时可拨出部分资金，开办第三产业。

第六，减少员工的工作时间，随之降低工资水平。这是西方企业在经济萧条时经常采用的一种解决企业临时性人力资源过剩的有效方式。

第七，采用由多个员工分担以前只需要一个或少数几个人就可以完成的工作和任务，企业按工作任务完成量来计发工资的办法。这与第六条在实质上是一样的，即都是减少员工工作时间，降低工资水平。

3. 结构失衡

企业人力资源供求完全平衡的情况极少见，即使是供求总量上达到平衡，也会在层次、结构上发生不平衡。对于结构性的人力资源供需不平衡，企业应依具体情况采取相应的调整措施。

第一，进行人员内部的重新配置，包括晋升、调动、降职等，来弥补那些空缺的职位，以满足该部分的人力资源需求。

第二，对现有人员进行有针对性的专门培训，使他们能够从事空缺职位的工作。

第三，进行人员的置换，清理那些企业不需要的人员，补充企业需要的人员，以调整人员的结构。

在制定平衡人力资源供求的政策措施过程中，不可能是单一的供大于求或供小于求，往往可能出现的是某些部门人力资源供过于求，而另外的部门则可能是人力资源供不应求；也许是高层级人员供不应求，而低层级人员供给远远超过需求。因此，企业应具体情况具体分析，制订出相应的人力资源部门或业务规划，使各部门人力资源在数量、质量、结构、层次等方面达到协调平衡。

# 第二节　工作分析

## 一、工作分析概述

### （一）工作分析的定义理解

一个组织的建立最终会导致一批工作的出现，而这些工作需要由特定的人来承担。工作分析就是与此相关的一道程序。通过对工作内容与工作责任的资料汇集、研究和分析，可以确定该项工作的任务、性质和相对价值以及哪些类型的人适合从事这一工作。工作分析的过程主要是调研完成工作的要求、周期和范围，并着眼于工作本身的特点，而不是工作者的状况。工作分析的直接结果是工作说明书。

为此，我们给工作分析定义如下：工作分析又称职位分析、职务分析或岗位分析，是指应用系统方法对组织中某一特定的工作或职位的任务、职责、权利、隶属关系、工作条件等相关信息进行收集和分析，做出明确规定，并确认完成工作所需要的能力和资质的过程，是组织人力资源规划及其他一切人力资源管理活动的基础。

工作分析包括工作说明和工作规范两方面的基本内容。工作说明也称职位描述，是指以书面形式描述一项工作的任务和职责，是对职位要素信息和职位特征的直接概括分析；工作规范也称任职者说明，主要阐述从事某项工作的人员必须具备的能力、资质和其他特性的要求。

"工作分析的本质就是要研究某项工作所包含的内容及工作人员具备的技术、能力和责任，区别本工作与其他工作的差异，对某项工作的内容及有关因素做全面的、有组织的描写或记载。"[1]

### （二）工作分析中的相关专门术语

在进行工作分析时，会有若干专业术语在分析过程中反复出现，必须在进行工作分析之前充分理解。

行动：行动也称工作要素，是工作中不能再继续分解的最小动作单位，如操作工人拿

---

① 刘艺博. 企业薪酬福利管理工作中存在的问题与解决措施 [J]. 商场现代化, 2019 (09)：85-86.

起钳子、秘书接听电话前拿起电话、司机启动汽车前插入钥匙等。

任务：任务是指为了达到某种目的所从事的一系列活动，它由一个或多个工作要素组成。例如，招聘专员为了完成招聘员工的任务，需要对组织中的招聘需求进行分析，明确岗位职责和岗位规范，发布招聘信息，收集和筛选应聘材料，组织选拔过程，录用合格人员。

职责：职责是指在特定的工作岗位上所负责承担的某类工作任务的集合。它可以由一个或多个任务组成。例如，某大学经济管理学院院长的职责是全面负责学院工作，具体包括负责制订和实施学院的发展规划、学院人才队伍建设、学院制度建设和学院的学术建设等多方面的任务。

职权：职权是依法赋予完成特定任务所需要的权力。职责往往与职权是有密切联系的，特定的职责要赋予特定的职权，甚至是特定的职责等同于特定的职权。例如，审计员对公司财务的审计，既是审计员的职责，也是他的职权。

职位：职位即岗位，是组织要求个体完成的一项或多项任务以及为此赋予个体权力的总和。职位的数量是有限的，职位的数量又称为编制。职位与个体是一一匹配的，也就是说有多少职位就有多少人，两者的数量相等。

职务：职务指主要职责在重要性与数量上相当的一组职位的集合或统称。例如，财务部设有两个副经理的职位，一个主要分管会计，另一个主要分管出纳。虽然这两个职位的工作职责并不完全相同，但是就整个财务部而言，这两个职位的职责重要性一致，因此，这两个职位可以统称为副经理职务。职位应与员工一一对应，但职务与员工不是一一对应的，一个职务可能由几个职位组成，如上所述，副经理职务就有两个职位与之相对应。

职业：职业由不同时间内不同组织中的相似工作组成，例如会计、工程师、医生等。虽然在不同单位的会计、工程师，不同医院科室的医生具体工作内容与数量不尽相同，但他们承担的职责及任职要求是相似的。

### (三) 工作分析中的作用体现

1. 在人力资源管理中的作用

(1) 工作分析与岗位定编

通过工作分析可以科学地衡量出企业工作岗位人员配备的数量。依据客观的组织工作任务量和在职员工的平均绩效水平，岗位定编可以合理地确定出某种类型的工作岗位人员配备的数量。要准确、有效地为工作岗位配备适当数量的员工，就要分析工作岗位承担工作量的大小、员工承担的工作负担、正常情况下的产出标准。过多的岗位定编会产生浪费，给企业增加不必要的负担，过少的岗位定编会增加员工的工作负担，增加工作压力，可能造成不当的职业病或因工作负荷太重而引发人员流失。无论哪种结果，均对组织不利。

（2）工作分析与人力资源规划

工作分析可以为企业人力资源规划提供基本的信息，如组织中有哪些工作任务，有多少个工作岗位，这些岗位的权力传递链条及汇报关系如何，每一岗位目前是否取得了理想的结果。根据岗位职责的要求，组织应配备员工的年龄结构、知识结构、能力结构怎样，在岗员工与岗位要求的差距多大，由此确定培训需求和工作岗位的调整等。如果没有进行翔实的工作分析，就没有对企业人力资源现状的充分认知，不可能制订出适合企业发展的人力资源规划。

（3）工作分析与员工招聘

工作分析可以提供一项工作的任职者资格信息，从而为人力资源招募、甄选决策提供依据，大大提高人员甄选技术的信度和效度，把不合格的人员排除于组织之外。

（4）工作分析与培训开发

培训工作遵循有效性和低成本的双向要求，培训的内容、方法必须与工作内容及岗位所需要的工作能力和操作技能相关。通过工作分析，可以明确任职者必备的技能、知识和各种心理条件的要求。按照工作分析的结果，准确地进行培训需求分析，并根据实际工作的要求和所聘用人员的不同情况，有针对性地安排培训内容、选择培训的方式和方法，这样可以大大降低培训工作的成本，提高培训工作的绩效。

（5）工作分析与绩效管理

工作分析可以为绩效评价提供明确的绩效标准，从而使绩效评价有据可依，大大减少绩效评价的主观性和随意性，使其真正能为员工的报酬决策和员工晋升决策提供依据，并且为从事该工作的员工设立一个标杆，使其能有目标地改进自己的工作，提高工作绩效。

（6）工作分析与薪酬设计

企业可以通过工作分析对一个工作岗位的工作职责、技能要求、教育水平要求、工作环境等有明确的了解和认识，根据这些因素判断这个岗位对于企业的重要程度，从而形成一种岗位相对重要程度的排序，并通过工作评价的量化形式来帮助组织确定每个岗位的报酬水平。因此，工作分析是工作评价的前提，有效的工作评价又是建立岗位职能工资制的基础，从而有利于优化组织内部的工资结构，提高报酬的内部公平性。

（7）工作分析与职业生涯规划

从员工的职业生涯规划的角度来看，为了满足员工在组织中成长、发展的需要，工作分析可以为员工的职业咨询和职业指导提供可靠与有效的信息，为员工在组织内的发展指明合适的职业发展路径。

2. 在组织战略管理中的作用

第一，实现了战略传递。通过工作分析，可以明确工作设置的目的，从而找到该工作如何为组织整体创造价值，如何支持企业的战略目标与部门目标，从而使组织的战略能够得以落实。

第二，明确了职位边界。通过工作分析，可以明确界定职位的职责和权限，消除职位之间在职责上的相互重叠，从而尽可能地避免职位边界不清导致的相互冲突、扯皮推诿所造成的内耗，并且防止职位之间的职责真空，使组织的每一项工作都能够得以落实，提高整个组织的运作效率。

第三，提高了流程效率。通过工作分析，可以理顺职位与其流程上下游环节的关系，明确职位在流程中的角色和权限，消除职位设置或者职位界定的原因所导致的流程不畅、效率低下等现象。

第四，实现了权责对等。通过工作分析，在明确职位的职责、权限、任职资格等的基础上，形成该职位的基本工作规范。有利于根据职位的职责来确定或者调整组织的授权与权力的分配体系，从而在职位层面上实现权责一致。

## 二、工作分析的实施

### （一）工作分析的基本原则

工作分析作为人力资源管理的基础性工作，它完成得合理与否将直接影响人力资源管理其他工作的效果。因此，开展工作分析工作，必须科学合理，须遵循以下原则。

一是系统原则。工作分析不是对岗位职责、业绩标准、任职资格等要素的简单罗列，而是要在分析的基础上对其加以系统的把握。在对某一工作岗位进行分析时，要注意该岗位与其他岗位的关系，以及该岗位在整个组织中所处的地位，从总体上把握该岗位的特点及其对人员的要求，从而完成对该工作岗位的全方位而富有逻辑的系统思考。

二是动态原则。工作分析是一项常规性工作。一方面，要根据企业战略意图、环境变化、技术变革、组织与流程再造、业务调整，不断地对工作分析进行调整；另一方面，工作分析也要以岗位的现实状况为基础进行调整。

三是目的原则。在工作分析中要明确工作分析的目的，目的不同，工作分析的侧重点也不一样。比如，如果工作分析是为了招聘甄选，那么分析的重点在于任职资格的界定；

如果工作分析是为了优化组织管理，那么分析的重点在于工作职责和权限的界定、强调岗位边界的明晰化等。

四是经济原则。任何组织都需要以有限的资源最有效地实现组织目标。因此，在工作分析过程中，必须分析组织目前的工作设置是否能以最有效的方法、合理的成本实现组织预定目标。成本包括时间、物质资源、人力资源等一切为实现组织目标的有形和无形投入。同时，工作分析过程中要本着经济性原则，要根据工作分析的目的采取合理的方法。

五是岗位原则。岗位原则的出发点是从工作岗位出发，分析岗位的内容、性质、关系、环境以及人员胜任特征，即完成这个岗位工作的从业人员须具备什么样的资格与条件，而不是分析在岗的人员如何。工作分析并不关注任职者的业绩、风格、特性、职业历史或任何其他事情。

六是应用原则。应用原则是指工作分析的结果，工作描述与工作规范要即时应用，在形成工作说明书后，管理者就应该把它应用于企业管理的各方面。无论是人员招聘选拔、培训开发，还是绩效考核、激励都需要严格按工作说明书的要求来做。

## （二）工作分析的步骤解读

工作分析是一项十分复杂、繁重、系统的工作，因此安排好工作分析的步骤，使之有条不紊地进行，对于提高工作分析的质量、减少资源耗费十分重要。工作分析要经过以下几个步骤：准备阶段、调查阶段、分析阶段、完成阶段。

### 1. 工作分析的准备阶段

（1）确定工作分析的目的和用途。因为一项工作包含很多信息，一次工作分析不能收集所有的信息，因此要事先确定工作分析的目的和用途，目的不同，所要收集的信息和使用方法也会不同。

（2）成立工作分析小组。工作分析小组成员一般由以下几类人员组成。①企业的高层领导，高层领导的任务是发布相关政策，并动员全体员工配合该项工作，为工作分析活动顺利进行铺平道路。②本岗位任职者，本岗位任职者能尽可能多地提供全面、详尽的岗位资料。③任职者的上级主管，一方面，任职者上级主管有很多机会观察任职者的工作，能提供较多的工作信息；另一方面，主管可以动员员工配合工作岗位信息调查，并协调人力资源部门编写工作说明书。④工作分析专家，工作分析专家可以来自组织内部，如人力资源部门的工作人员，也可以从组织外部聘请工作分析专家。工作分析专家主要负责策划工作分析的方案和设计工作分析的相关工具，并对工作分析活动提供技术上的支持。

（3）对工作分析人员进行培训。为了保证工作分析的效果，还要由工作分析专家对企业参加工作分析小组的人进行业务上的培训。培训的内容主要包括：①关于整个工作分析流程的安排；②关于对工作分析对象背景知识的培训；③关于工作分析理论知识的培训；④对工作分析工具的使用。

（4）其他必要的准备。例如，由各部门抽调参加工作分析小组的人员，部门经理应对其工作进行适当的调整，以保证他们有充足的时间进行这项工作；在企业内部对这项工作进行宣传，比如组织有关工作分析的动员会，消除员工不必要的误解和紧张。

## 2．工作分析的调查阶段

（1）制定工作分析的时间计划进度表，以保证这项工作能够按部就班地进行。

（2）根据工作分析的目的，选择收集工作内容及相关信息的方法。组织在选择工作分析方法时，关键是要考虑工作分析方法和目的的匹配性、成本可行性，以及该方法对所分析的工作岗位的适用性。一般来说，工作分析方法的选择要考虑五个因素，包括工作分析的目的、成本、工作性质、待分析的工作样本量及分析客体。

（3）收集岗位相关的资料。工作分析需要收集的信息包括三方面：工作的背景资料、与工作相关的信息、与任职者相关的信息。这些工作信息，一般可以从以下几个渠道来获取：工作执行者本人、管理监督者、顾客、分析专家、国家职业分类大典，以及以往的分析资料。从不同的方式和渠道获取的信息有效性不一样。

## 3．工作分析的分析阶段

（1）整理资料。将收集到的信息按照工作说明书的各项要求进行归类整理，看是否有遗漏的项目，如果有的话要返回到上一个步骤，继续进行调查收集。

（2）审查资料。资料进行归类整理以后，工作分析小组的成员要一起对所获工作信息的准确性进行审查，如有疑问，需要找相关的人员进行核实，或者返回到上一个步骤，重新进行调查。

（3）分析资料。如果收集的资料没有遗漏，也没有错误，那么接下来就要对这些资料进行深入的分析，也就是说要归纳总结工作分析必需的材料和要素，揭示各个职位的主要成分和关键因素。在分析的过程中，一般要遵循以下几项基本原则。

第一，对工作活动是分析而不是罗列。工作分析是反映职位上的工作情况，但不是一种直接的反映，而要经过一定的加工。分析时应当将某项职责分解为几个重要的组成部分，然后再将其重新进行组合，而不是对任务或活动的简单列举和罗列。

第二，针对的是职位而不是人。工作分析并不关心任职者的任何情况，它只关心职位的情况。目前的任职者被涉及的原因，仅仅是因为其通常最了解情况。例如，某一职位本来需要本科学历的人来从事，但出于各种原因，现在只是由一名专科生担任这一职位，那么在分析这一职位的任职资格时就要规定为本科，而不能根据现在的状况将学历要求规定为专科。

第三，分析要以当前的工作为依据。工作分析的任务是为了获取某一特定时间内的职位情况，因此应当以目前的工作现状为基础来进行分析，而不能把自己或别人对这一职位的工作设想加到分析中，只有如实地反映出职位目前的工作状况，才能据此进行分析判断，发现职位设置或职责分配上的问题。

### 4. 工作分析的完成阶段

(1) 编写工作说明书，根据对资料的分析，首先，要按照一定的格式编写工作说明书的初稿；其次，反馈给相关的人员进行核实，意见不一致的地方要重点进行讨论，无法达成一致的还要返回到第二个阶段，重新进行分析；最后，形成工作说明书的定稿。

(2) 对整个工作分析过程进行总结，找出其中成功的经验和存在的问题，以利于以后更好地进行工作分析。

(3) 将工作分析的结果运用于人力资源管理，以及企业管理的相关方面，真正发挥工作分析的作用。近几年，随着企业对人力资源管理的重视，很多企业投入了大量的人力和物力来进行工作分析，但是在这项工作结束以后将形成的职位说明书束之高阁，根本没有加以利用，这无疑违背了工作分析的初衷。

### (三) 工作分析中实施过程控制要点

在工作分析过程中，经常会出于种种原因人力资源工作人员在进行工作分析的实践过程中障碍重重，妨碍了工作分析的顺利进行，影响了工作分析的效果，最终也将影响人力资源管理甚至影响组织的发展。工作分析要做好以下几方面的控制工作。

### 1. 有效消除员工戒备心理

员工由于害怕工作分析会给自己的工作环境或自身利益带来威胁，如减员降薪、增加工作负荷和强度，所以对工作分析小组成员采取不配合或敌视的态度，表现出态度冷淡、言语讥讽，或者在接受访谈、填写问卷、接受观察时故意向工作分析人员提供虚假的或与实际情况存在较大出入的信息资料。而工作分析人员在这些虚假的信息的基础上对工作所做出的具体分析也难免错误，最终产生的工作说明书和工作规范的可信度也值得怀疑。如果在员工培训中，根据这些不符合实际的工作说明书中有关员工知识、技术、能力的要求而安排培训计划，那么培训项目很可能并不能给组织带来预想的培训效果。另外，如果采用这些虚假信息作为绩效考核的依据，那么评估结果的真实性和可信性也有问题，最终以评估结果来决定员工的升降奖惩，后果将不堪设想。

工作分析人员应提前向员工介绍工作分析对于开展工作的意义，对于组织管理工作和员工个人发展的重要性，以澄清他们对工作分析的认识，消除其内心的顾虑和压力，争取广大员工在实际信息收集和工作分析过程中的支持与配合，保证工作分析工作的顺利进行。

### 2. 科学合理地安排工作时间

在工作分析的过程中，很多方面需要员工的参与和配合，如填写问卷、参加访谈、工作时成为被观察者，这都需要占用员工大量的工作时间。很多情况下，员工不愿配合工作分析的原因，是它占用了很多日常工作时间。所以，一方面，工作分析小组应提前与员工的直线主管进行沟通，为了配合工作分析的工作，请直线主管在安排日常工作时预留一些时间；另一方面，工作分析人员要明确工作分析活动大致需要多长时间，大概的时间进度是怎样的。工作分析活动时间安排得合理化和清晰化，可以使员工清楚自己在什么时间做什么工作，方便其事先做好时间规划，留出足够的时间配合和支持工作分析活动。

### 3. 采用适当的分析程序与方法

工作分析人员在正式执行工作分析时，应该采取适合工作分析小组人员能力构成和组织实际情况的分析程序，并把工作分析的具体步骤告知参与的员工，使参与的员工能够积极配合，最终使工作分析活动得以协调、顺利进行。另外，让参加工作分析的员工初步了解工作分析过程中可能会使用到的方法，以及工作分析方法正确的操作要点和注意事项，可以使各类人员明白自己要如何配合工作分析工作，最终使工作分析方法的运用更加有效。

### 4. 注重工作分析的结果在企业的应用

注重工作分析的结果在企业的应用，提高员工的参与性。工作分析的直接结果是形成工作说明书，但企业不能仅停留在该层面上，而应及时跟进，重视工作分析的结果在制定规范的考核标准和制定合理的员工培训、发展规划中的应用，以及在提供科学的职业生涯发展咨询中的重要应用，竭力避免企业的工作说明书在制定和使用中出现的"两张皮"现象。工作分析之后千万不能没有下文，否则员工会因为感觉不到工作分析之后带来的相应变化和改进，而怀疑工作分析的作用和意义，也很难在今后的工作中再度配合人力资源部的工作。

## 三、工作分析的方法

### （一）观察法

观察法是指工作分析人员在工作现场运用感觉器官或其他工具，观察特定对象的实际工作动作和工作方式，并以文字或图标、图像等形式记录下来的收集工作信息的方法。观察法适用于体力工作者和事务性工作者，如搬运员、操作员、文秘等职位，而不适用于主要是脑力劳动的工作。

**1. 观察法的类型**

直接观察法。工作分析人员直接对员工工作的全过程进行观察，直接观察法适用于工作周期较短的岗位，比如保洁员。

阶段观察法。当工作具有较长周期性时，为了完整观察员工的工作，需要分阶段进行观察。

工作演示法。适用于工作周期很长、突发性事件较多的工作，请员工演示工作的关键事件，并进行观察，比如保安人员的工作、消防人员的工作。

**2. 观察法的优点与缺点**

观察法的优点：通过观察员工的工作，分析人员能够比较全面、深入地了解工作要求，适应那些工作内容主要是由身体活动来完成的工作。而且采用这种方法收集到的多为第一手资料，排除了主观因素的影响，比较准确。

观察法的缺点：一是观察法不适用于工作周期较长和以脑力劳动为主的工作，如设计师、研发工作人员等；二是观察法工作量太大，要耗费大量的人力、财力和时间；三是有关任职资格方面的信息，通过观察法无法获取；四是有些员工不接受观察法，认为他们自己被监视，所以对工作分析存在抵触情绪，同时，也存在工作的表面性。

**3. 采用观察法时的注意事项**

在采用观察法时应注意以下几个问题。

第一，对工作分析人员进行培训，包括观察能力、沟通能力、总结和记录的能力。

第二，预先确定好观察的内容、时间、场所等，并与员工事先进行沟通，消除员工的抵触情绪。

第三，工作分析人员应事先准备好观察表格，以便随时进行记录。

第四，避免机械记录，应主动反映工作的全面信息，对信息进行提炼。

## （二）访谈法

访谈法指工作分析人员与岗位任职者或主管人员面对面地进行交谈，通过访问任职者，了解他们所做的工作内容，从而获得有关岗位信息的调查研究方法。访谈法适用面较广，通过与岗位任职者面谈，员工可以提供从其他途径都无法获取的资料，特别是平常不易观察到的情况，使分析人员了解到员工的工作态度和工作动机等较深层次的内容。

### 1. 访谈法的类型

（1）对岗位任职者进行的个人访谈。
（2）对做同种工作的岗位任职者进行的群体访谈。
（3）对岗位任职者的直线主管进行的主管人员访谈。

### 2. 访谈法的优点和缺点

访谈法的优点：一是可以对岗位任职者的工作态度和工作动机等较深层次的内容有比较详细的了解；二是运用面较广，能够简单而迅速地收集多方面的工作资料；三是有助于与岗位任职者进行沟通，缓解工作压力，减少敌对情绪；四是当面进行沟通，能及时修改获得的信息。

访谈法的缺点：一是访谈法要有专门的技巧，需要受过专门训练的工作分析的专业人员；二是比较费精力和时间，工作成本较高；三是收集的信息往往已经扭曲和失真，因为岗位任职者认为它们是其工作业绩考核或薪酬调整的依据，所以他们会故意夸大或弱化某些职责；四是不能进行定量分析。

### 3. 采用工作分析访谈的注意事项

采用访谈法，应注意以下问题。

第一，事先与岗位任职者本人或直线主管进行沟通，明确访谈的目的和意义。

第二，在无人打扰的场所进行访谈，并消除岗位任职者的紧张情绪，建立融洽的气氛。

第三，准备完整的问题提纲表格，所提问题必须清楚、明确，不能模糊不清。

第四，访谈过程中注意谈话技巧，由浅至深地提问，并鼓励岗位任职者真实、客观地回答问题。

第五，在访谈结束时请岗位任职者确认谈话记录并签字。

## （三）问卷调查法

问卷调查法是最常用的一种方法，指的是根据工作分析的目的、内容等编写调查问卷，通过让岗位任职者、直线主管及其他相关人员填写调查问卷，由工作分析人员回收整理获取相关信息的研究方法。

### 1. 问卷调查法的类型

#### （1）结构化问卷

结构化问卷是由工作分析人员事先准备好的项目组成，代表了工作分析人员希望了解的信息，问卷回答者只需要在问卷项目后填空、选择或对各个项目进行分数评定即可。

#### （2）开放式问卷

开放式问卷是由工作分析人员事先设计好问题，由问卷回答者针对问题做出主观的陈述性表达。

### 2. 问卷调查法的优点和缺点

问卷调查法的优点：一是费用低，速度快，节省时间，可以在工作之余填写，不会影响正常工作；二是调查范围广，可用于多种目的、多样用途的工作分析；三是调查样本量很大，适用于需要对很多工作者进行调查的情况；四是调查的资料可以量化，适合于用计算机对结果进行统计分析。

问卷调查法的缺点：一是设计合格的调查问卷要花费较多时间、人力、物力，费用成本高；二是在问卷使用前，应进行测试，以了解员工对问卷中所提问题的理解程度，为避免误解，还经常需要工作分析人员亲自解释和说明，这降低了工作效率；三是填写调查问卷是由工作者单独进行，缺少交流和沟通，因此被调查者可能不积极配合，不认真填写，从而影响调查的质量。

### 3. 采用调查问卷法的注意事项

采用调查问卷法应注意以下问题。

第一，请专业人士设计合格的问卷，在发放问卷前做问卷测试，对表中的信息进行认真鉴定，结合实际情况，做出必要的调整。

第二，在调查时，应由工作分析人员现场对调查项目进行必要的解释和说明。

第三，敦促员工及时填写并回收，避免员工遗忘或不认真填写而影响问卷调查的质量。

## （四）工作日志法

工作日志法是要求任职者在一段时间内实时记录自己每天发生的工作，按工作日的时间记录下自己工作的实际内容，形成某一工作岗位一段时间以来工作活动的全景描述，使工作分析人员能根据工作日志的内容对工作进行分析。

### 1. 工作日志法的优点和缺点

工作日志法的优点：一是可以长期对工作进行全面的记录，提供一个完整的工作图景，不至于漏掉一些工作细节；二是能准确地收集关于工作职责、工作内容、工作关系、劳动强度、工作时间等方面的信息；三是操作方法简单，节省费用。

工作日志法的缺点：一是对岗位任职者来说，每天记录活动缺乏长久的动力，难以坚持，或可能出现马虎或应付的情况；二是员工可能会夸大或忽略某些活动，导致收集的信息可能存在一些误差；三是岗位任职者每天填写日志会影响正常的工作；④信息整理的工作量大，归纳较烦琐。

### 2. 采用工作日志法的注意事项

采用工作日志法应注意以下问题：

第一，向岗位任职者说明填写工作日志对工作分析的重要性，请岗位任职者认真并坚持填写。

第二，合理安排工作时间，给予岗位任职者填写工作日志的时间，避免员工担心填写工作日志而影响工作。

第三，尽量设计标准的工作日志表格，方便员工填写和工作分析人员整理信息。

## 四、工作说明书的编写

### （一）工作说明书编写的内容

### 1. 工作标志

关于职位的基本信息，是某一职位区别于其他职位的基本标志。通过工作标志，可以向阅读者传递关于该职位的基本信息，使其能够获得对该职位的基本认识。工作标志一般包括以下内容：职位名称、职位编号、职位薪点、所属部门、职位类型、直接上级、直接下级、定员人数等。

第一，职位名称确定时应当简洁明确，尽可能地反映该职位的主要职责内容，让人一看就能大概知道这一职位主要职员，比如销售部总经理、人力资源经理、招聘主管、培训专员等。在确定职位名称时，最好按照社会上通行的做法来做，这样既便于人们理解，也便于在薪资调查时进行比较。

第二，职位编号主要是为了方便职位的管理，企业可以根据自己的实际情况来决定应包含的信息。例如在某企业里，有一个职位编号为 HR-03-06，其中 HR 表示人力资源部，03 表示主管级，06 表示人力资源部全体员工的顺序编号；再比如 MS-04-TS-08，其中 MS 表示市场销售部，04 表示普通员工，TS 表示职位属于技术支持类，08 表示市场销售部全部员工的顺序编号。

第三，职位薪点是工作评价做得到的结果，反映这一职位在企业内部的相对重要性，是确定这一职位基本工资标准的基础。

第四，所属部门是指该职位属于哪个部门，一般以"公司名称+部门名称"表示，例如，×××公司人力资源部，也能以"公司名称+部门名称+分组"表示，例如，×××公司人力资源部招聘组。

第五，职位类型是指该职位的性质，一般分为管理类（如人力资源部经理、销售部经理）、专业类（如工程人员 IT 人员、财务人员、人力资源人员、行政管理人员、收银人员、保安主管）、营运类（如客服人员、拓展人员、策划人员、商品管理人员）、采购类（如新产品开发、采购人员）、配送类（如收货人员、仓储人员、发货人员）、销售类（如自营店长、柜组长、售货员、加盟区域经理、店长）、辅助类（如文员、保安员、票据员）。

### 2. 职位概要

职位概要又称工作目的，就是用一句或几句比较简练的话来说明这一职位的主要工作职责，要让一个对这个职位毫无了解的人一看职位概要就知道它大致要承担哪些职责。例如销售部经理的职位概要可以这样描述："为了促进公司经营销售目标实现，根据公司的销售战略，利用和调动销售资源，管理销售过程、销售组织、联系开拓和维护市场"。而公司前台的职位概要则要这样描述："承担公司前台服务工作，接待安排客户的来电、来访，负责员工午餐券以及报纸杂志的发放和管理等行政服务工作，维护公司的良好形象。"职位概要的书写格式为"工作依据+工作行动+工作对象+工作目的"。

### 3. 履行职责

履行职责是指该职位通过一系列什么样的活动来实现组织的目标，并取得什么样的工作成果，它是以工作标志和工作概要为基础的。在实践过程中，这一部分是相对较难的，要经过反复的实践才能准确地把握。首先要将职位所有的工作活动划分为几项职责，然后再将每项职责进一步细化，分解为不同的任务。

下面看看人力资源部经理这一职位的职责是如何分解的。首先，要将人力资源部经理从事的活动划分成几项职责，可以划分为人力资源规划、招聘培训管理、绩效管理、薪酬福利管理、员工关系管理等。其次，继续对每项职责进行细分。例如人力资源规划这项职责可以细分为：一是组织对人力资源现状的统计分析，为人力资源的优化提供决策支持；二是审核各部门人力资源需求计划，保证各部门人力资源的合理配置；三是组织公司人力资源规划的实施，并根据变化调整人力资源规划方案；四是主持对公司组织结构设计、人员需求结构提出改进方案等几项任务。

（1）任务描述

将职位的活动分解之后，就要针对每一项任务来进行描述。描述时一般要注意下面两个问题。

第一，要按照动宾短语的格式来描述，即按照"动词+宾语+目的状语"的格式来进行描述。动词表明这项任务是怎样进行的；宾语表明活动实施的对象，可以是人也可以是事情；目的状语则表明这项任务要取得什么样的结果。例如"组织拟定、修改和实施公司的人力资源管理政策、制度，以提高公司的人力资源管理水平"，其中，"组织拟定、修改和实施"是动词；"公司的人力资源管理政策、制度"是宾语；"以提高公司的人力资源管理水平"是目的状语。

第二，要准确使用动词。使用动宾短语进行描述时，动词的使用是最为关键的部分，一定要能够准确地表示员工是如何进行该项任务的，以及在这项任务上的权限，而不能过于笼统。

先来看几个例子，"负责公司的预算工作……""负责公司的培训工作……""负责公司的保卫工作……"，这是国内大多数企业在编写工作说明书时常用的语句，虽然也使用了动宾短语的格式，但是由于动词的使用不准确，没有清楚地揭示任务应当如何来完成。"负责"这个动词表面上看起来比较清楚，但是深究起来问题很多，拿"负责公司的培训工作"来说，什么是负责？是指导别人来完成培训叫负责，还是自己亲自完成培训叫负责？表述清楚，因此要尽量避免使用"负责"这类模糊不清的动词，要根据实际情况来准确地选择和使用动词。还拿这个例子来说，如果是人力资源经理，可以这样描述："制订公司的培训计划……"；如果是培训主管，则可以这样描述："具体实施培训计划……"。通过使用"制订""实施"这样的动词，就清楚地表明经理和主管分别是如何来完成培训这项任务的。

（2）职责排列的两个原则

在履行职责部分，有个问题需要注意，如果某职位是由多项职责组成的，那么要将这些职责按照一定的顺序进行排列，而不能胡乱堆砌。在排列职责时有两个原则。

第一，按照这些职责的内在逻辑顺序进行排列，也就是说如果某职位的职责具有逻辑上的先后顺序，那么要按照这一顺序进行排列。例如人力资源部培训主管，这一职位由拟订培训计划、实施培训计划、评估培训效果和总结培训经验等几项职责组成，这些职责在时间上有先后顺序，因此在排列时就要依次进行。

第二，按照各项职责所占用时间的多少进行排列。有些职位的职责并没有逻辑顺序，就要按照完成各项职责所用的时间多少来排列。当然这一时间比例并不需要非常准确，只是估算。

### 4. 业绩标准

业绩标准就是职位上每项职责的工作业绩衡量要素和衡量标准。衡量要素指对于每项职责，应当从哪些方面来衡量它是完成得好还是完成得不好；衡量标准则指这些要素必须达到的最低要求，这一标准可以是具体的数字，也可以是百分比。例如，对于人力资源部经理这一职位，工作完成的好坏主要表现在员工对企业人力资源管理的满意度、企业人员流动情况、企业人员工作素质和工作技能满足工作岗位要求的情况等。至于满意度达到多少、人员流动率多少如何表示就是衡量标准的范畴了，可以规定员工对企业人力资源管理的满意度不低于80%；企业人员月流动率控制在2%以内，年流动率控制在20%以内；企业人员工作素质和工作技能满足工作岗位的要求不低于80%。

### 5. 工作关系

工作关系指某职位在正常工作情况下，主要与企业内部哪些部门和职位发生工作关系，以及需要与企业外部哪些部门和人员发生工作关系。主要的工作关系有报告工作对象、监督对象、内部的关联对象、外部的关联对象。比如人力资源部门经理主要与人力资源总监、各部门经理、人力资源部各主管等内部部门和职位产生工作联系；与劳动就业局、劳动监察部门、社会保障局、各种猎头公司或招聘平台等外部部门产生工作联系。这个问题比较简单，需要注意的问题是，偶尔发生联系的部门和职位一般不列入工作关系的范围之内。

### 6. 工作权限

工作权限是指根据该职位的工作目标与工作职责，组织赋予该职位的决策范围、层级与控制力度。工作权限主要应用于管理人员的职位，以确定职位"对企业的影响大小"和"过失损害程度"。另外，通过在工作说明书中对该职位拥有的工作权限的明确表达，可以进一步强化组织的规范化，提升任职者的职业化意识，并有助于其职业化能力的培养。在实际的工作说明书中，工作权限一般包括三个部分：人事权限、财务权限、业务权限。如人力资源部经理的权限：一是对本部门员工晋升有提名权；二是对部门下属员工有工作指导权和监督权；三是对各部门的培训和考核工作有监督权和检查权；四是对公司人力资源政策有建议权；五是对各部门及员工的违规行为有制止权和处罚权。

### 7. 工作特征

工作特征指该岗位在工作中所处的环境、所使用的设备及时间要求等。工作环境是指该岗位在工作中所处的环境，是在室内还是室外；工作环境是否舒适；工作环境的特殊性及危险性，是否需要在高温、高湿度、高噪声、震动、粉尘、辐射等环境下工作，是否需要接触有害气体或物质，任职者在这样的环境下工作的时间等；工作的危险性，如可能发生的事故、对身体的哪些部分易造成危害以及危害程度，易患的职业病、患病率、劳动强度等；工作地点的生活方便程度、环境的变化程度、环境的孤独程度、与他人交往的程度等。工作设备是指该岗位在工作中须经常接触的设备，如电脑、传真机、音响器材、表演道具等。工作时间是指工作的时间要求，是否需要经常出差，是否需要上夜班等情况。

### 8. 任职资格

一般来说，任职资格应包括以下几项内容：正式教育程度、工作经验、工作技能、培训要求、工作能力及知识要求、身体素质要求等。需要强调的是，不管任职资格包括什么内容，其要求都是最基本的，即承担这一职位工作的最低要求。

（1）正式教育程度

正式教育程度包含两方面：一是完成正式教育的年限，就是我们常理解的学历水平；二是正规教育的专业。比如，对于人力资源经理这一职位，一般就需要人力资源管理专业的相应学历。

（2）工作经验

对于工作经验的度量可以采用两种不同的尺度：一是社会工作经验，包括过去从事同类工作的时间和成绩以及完成有关工作活动的经历等；二是司龄与公司内部的职业生涯。

（3）工作技能

工作技能是指对与工作相关的工具、技术、方法的运用。不同的职位所要求的工作技能有很大的差异，但在工作说明书中，为了便于对不同职位的技能要求进行比较，一般只关注几项对所有职位通用的技能，包括计算机技能、外语技能、公文处理技能等。

（4）培训要求

培训要求主要指作为该职位的一般任职者的培训需求，即每年需要多长时间的培训、培训的内容和培训的方式如何等。培训要求时间的度量一般以周为单位，培训方法的界定主要分为在岗培训、脱岗培训和自我培训三种。

（5）能力及知识要求

能力要求包括从事该职位的工作所需的注意力、协调能力、判断力、组织能力、创造能力、决策能力、沟通能力、进取心、责任心、团队合作等；知识要求包括有关理论知识和技术的最低要求，如机器设备的使用方法、工艺流程、材料性能、安全知识、管理知识和技能等，对有关政策、法令规定或文件的了解和拿捏程度等。

（6）身体素质要求

工作任职者从事该职位应具备的行走、跑步、攀登、站立、平衡、旋转、弯腰、举重、推拉、握力、耐力、手指与手臂的灵巧性、手眼协调性、感觉辨别等方面的身体素质要求。

任职资格要求的规定，有些内容是强制性的，必须遵守国家和行业的有关规定。例如电焊工必须持有劳动部门颁发的焊工证书；司机不能是色盲，同时还必须持有相应车型的驾驶执照。

## （二）工作说明书的科学编制

在编制工作说明书的时候，需要注意以下几方面。

第一，获得最高管理层的支持。管理层对工作分析和工作说明书意义的认同和支持对有效完成工作及编写工作说明书具有决定性作用。

第二，员工的参与和配合。企业在编写工作说明书时，各部门的主管以及员工应该积极参加人力资源部组织的相关工作，人力资源部也应做好充分的准备工作，向员工宣传制定工作说明书的意义。

第三，工作说明书应该清楚、明确、具体且简单。在界定工作时，应尽量使用简明的词语来描述工作的目的和范围、责任权限的程度和类型、技能的要求等。另外，文字措辞方式应保持一致，文字叙述应简洁、清晰。

第四，建立动态更新制度。管理者必须随组织机构的变化及时修订工作说明书。如果组织机构改变，而工作说明书仍是原来的，其作用就不能发挥出来。久而久之，工作重叠、职责混淆、管理分配不平衡的问题就会出现，相应地，工作效率缺乏、员工缺乏积极性、利润下降等现象也会相继产生。

# 第三章 人力资源管理的职能性工作

## 第一节 员工招聘

### 一、员工招聘的意义与原则

员工招聘工作的基础是人力资源规划与工作分析。人力资源规划对企业人力资源需求和供应进行分析和预测，为招聘提供了"量"的要求，从而确定配备、补充或晋升的规模。工作分析中要分析组织中该岗位的职责、工作任务、工作关系等以及任职资格。它为招聘提供了"质"的要求，从而明确谁适合该岗位。因此，人力资源规划的结果能够确定组织究竟缺哪些岗位，而岗位、工作分析的结果，能够使管理者了解什么样的人应该被招聘进来填补这些空缺。

员工招聘实际上主要包括两个相对独立的过程，即招募和甄选（选拔）。招募主要是通过宣传来扩大影响，树立企业形象达到吸引人应聘的目的；而甄选则是使用各种技术测评手段与选拔方法挑选合适员工的过程。[①]

#### （一）员工招聘的意义体现

招聘是在合适的时间为合适的岗位寻找合适的人选，由于员工流动、人岗匹配度及组织业务变更等多重问题，招聘工作从没停止过。

第一，补充人员，保证企业正常经营。招聘活动最主要的作用就是通过一系列活动为组织获得所需要的人力资源。在人力资源规划中，人力资源短缺的重要解决办法就是招聘。并且，随着组织的不断发展壮大，对更新人力资源和新增人力资源的需求都必然继续产生。因此，通过招聘满足组织的人力资源需求已经成为十分重要的人力资源管理活动。当前，有些企业的人力资源部门日常的主要工作就是招聘。

---

[①] 吕菊芳. 人力资源管理［M］. 武汉：武汉大学出版社，2018：92.

第二，获取高质量的人才，提升组织竞争力。现代企业的成功更多地依赖管理公司商业运作员工的质量与能力，这意味着企业拥有员工的质量在绝大程度上决定着企业在市场竞争中的地位。招聘工作就是企业通过甄别、筛选，最后获得高质量人才的最佳途径。有效的招聘工作，不仅有助于企业经营目标的实现，还能加快人才集聚，打造企业核心竞争力。

第三，促进组织人力资源的合理流动。组织的招聘活动不仅可以为组织获取合适的人力资源，同时可以通过内部招聘活动解决组织员工晋升及横向流动问题，促进组织人力资源合理流动，提高人岗匹配度。

第四，宣传企业，树立企业形象。员工招聘过程中所运用的大量招聘广告，能使外界更多地了解组织，从而提高组织的知名度。也正因为员工招聘广告有此功能，所以许多组织打出招聘广告，并在其中积极地宣传本组织。组织利用招聘活动提高企业及企业产品的知名度与美誉度。

员工招聘其实就是为企业中的空缺职位寻找合适工作人员的过程。事实上，员工招聘的实质是为了让那些具有实力与能力的潜在合格人员对空缺的岗位产生兴趣并主动前来报名应聘。

## （二）员工招聘的基本原则

人员招聘除了要为组织招聘到符合标准的员工之外，还是一项经济活动，同时也是社会性、政策性较强的一项工作。因此，在招聘中应坚持以下原则。

### 1. 公开原则

组织应将招聘方案和所要竞争的工作岗位、职数、任职条件以及程序方法等予以公布。将招聘单位、种类、数量，报考的资格、条件，考试的方法、科目和时间，均面向社会公告周知，公开进行。一方面，给予社会上的人才以公平竞争的机会，达到广招人才的目的；另一方面，也使招聘工作置于社会的公开监督之下，防止招聘工作中的暗箱操作等不正之风。

### 2. 平等原则

平等原则就是指对于所有报考应聘的人员需要做到公平公正、一视同仁。不可以人为地制定各种不平等条件以及优秀优惠的政策，需要公平地通过考核与竞选来选拔人才。创造出一个公平竞争的环境，设置严格的标准、科学的方法来对候选人进行一系列测评，最后通过测评的结果来确定人选。这样一方面可以选出真正优秀的人才；另一方面有利于企业内员工的进步，避免管理者的主观片面性。

### 3. 互补原则

在企业中对于人才的管理与使用上，除了要考虑人才的个体能力之外，还需要考虑人才群体的能力与协调力。因为人才并不是没有弱点可言的，他们也只是在某一方面有突出的表现，在其他方面可能也存在缺点。所以为了将所有人才的优点都发挥到极致，在配置方面必须遵循人才互补的原则，将各方面的人才聚集到一起，取长补短、互相学习、共同进步，并协调好彼此间的工作，为其创造出放松的工作环境。

### 4. 择优原则

择优对招聘来说便是最根本的目的。只有坚持择优，才能够为企业与单位中的工作岗位选出最适合的人才。因此，必须采取考试的考核方法来选出最优秀的人员。

### 5. 能级原则

能级原则是指将人的能力与岗位相适应，这里所说的"能"，指能力、才能、本事；所说的"级"，指职位、职务、职称。员工招聘录用应当以提高企业效率、提高企业竞争力、促进企业发展为根本目标，为企业人力资源管理确立第一基础。招聘工作，不一定要最优秀的，而应该量才录用，做到人尽其才。用其所长、职得其人，这样才能持久、高效地发挥人力资源的作用。

### 6. 效率原则

效率原则是指根据不同的招聘要求，灵活选用适当的招聘形式，用尽可能低的招聘成本录用到合格的员工。选择最适合的招聘渠道、考核手段，在保证任职人员质量的基础上节约招聘费用，避免长期职位空缺造成的损失。

## 二、员工招聘的来源与渠道

员工招聘一般可分为内部招聘和外部招聘两大类。

## （一）员工内部招聘

### 1. 员工内部招聘的源头

进行内部招聘的源头从形式上说一般分为四种：一是下级的员工，他们通过晋升的方法来获取相关岗位；二是相同职位的员工，他们通过工作调动或者轮换的方式完成岗位的填补；三是上级的员工，一般通过降低职位来填补空缺岗位；四是临时工转正。不过在实际的内部招聘方式中，很少会用到第三种方式，所以最主要的还是第一、第二、第四三种方式。

使用晋升的方式来填补职位空缺，有利于调动员工的积极性并有助于个人的发展。工作调换就是在相同或相近级别的职位间进行人员的调动来填补职位空缺，当这种调动发生不止一次时，就形成了工作轮换，这种方式有助于员工掌握多种技能，提高他们的工作兴趣，但是不利于员工深度掌握某一职位的技能，会影响工作的专业性。临时工转正的方式也不失为一种很好的选择，但是要注意避免过度使用不成熟人才。

### 2. 员工内部招聘的方法

员工内部招聘的方法主要有两种。

#### （1）工作公告法

这种招聘方式是最为常见的内部招聘法。这种方式一般会向职员公告出空缺的岗位，最终吸引职员来填补空缺的岗位。在公告中要有空缺岗位的相关信息，比如工作内容、资历要求、职位要求、工作时长和薪资待遇等。在发布工作公告的时候还应该考虑到：公告的出现位置应该在较为显眼的地方，让每一位企业员工都能看到公告；公告滞留的时间要在一个月左右，让外出出差的工作人员也能及时了解到相关信息；凡是申请了职位的工作人员都能收到回馈信息。

#### （2）档案记录法

一般企业的人力资源部都会有每一个员工的资料简历，里面包含了员工的教育、专业技能、工作经验、成绩和指标等信息，而企业的高管人员就可以通过这些信息鉴别出符合岗位要求的职员。运用这种方法进行招聘的时候，要考虑以下问题：一是员工的档案资料必须都是真实有依据、覆盖面广且比较详细，由此才有可能甄选出高素质的人才；二是决策出相关人员之后，要考虑本人的意见和想法，看其是否有调配的意愿。

随着时代的发展，各项技术逐渐成熟，越来越多的企业建立了相关的人力资源信息部门，对职员个人信息的管理也越来越规范，所以档案记录法的招聘效果和效益会逐渐提高。

### 3. 员工内部招聘的举措

一是临时人员的转正。企业有时可以把临时工转为正式工，从而补充空缺职位。但在实施临时工转正时，要以能力和绩效为导向，只有那些能力强、符合岗位需求的人员才可以转正；同时，在临时工转正时要注意相关的人事管理政策和法律规定，避免触犯法律。这种内部招聘的方式本身就是一种重要的员工激励方法。

二是返聘或重新聘用。返聘或重新聘用也是一种内部招聘的方法。但需要注意的是，这时需要以能力、经验为标准作为返聘的依据。如果因为权威、资历等其他因素而对相关人员实施返聘，有时反而不利于工作。所以，对于企业的返聘工作，首先，要有一套相应的管理制度；其次，是要对返聘人员进行良好的选择、组织、协调和管理，如何激励和管理返聘人员是其中的难点和重点。

## （二）员工外部招聘

### 1. 外部招聘的主要来源

相比内部招聘，外部招聘的来源相对就比较多，主要有以下来源。

（1）学校

学校是企业招聘初级岗位的重要来源，在中学和职业学校可以招聘办事员和其他初级操作性员工，在大学里则可以招聘潜在的专业人员、技术人员和管理人员。由于学生没有任何工作经验，让他们接受企业的理念和文化相对比较容易。

（2）竞争者和不同公司

一些要求具备一定工作经验的岗位，同行业的竞争者和其他的公司无疑是最重要的招聘源头。美国大概有5%的工人都在寻找新的工作和面对岗位的改变；经理和专业人员在五年内的其中一个职位会发生改变。此外，从这一来源进行招聘也是企业相互竞争的一种重要手段。

（3）失业者

失业者也是企业招聘的一个重要来源，由于失业者经历过失去工作的痛苦，当他们重新就业后会更加珍惜现有的工作机会，工作努力程度比较高，对企业的归属感也比较强。

（4）老年群体

包括退休员工在内的老年群体也构成了一个宝贵的招聘来源。虽然老年人的体力可能有所下降，但是他们具有年轻人不具备的工作经验。由于老年人的生活压力比较小，他们对薪资待遇的要求并不是很高，这些对企业都非常有利。

（5）退役军人

由于退役军人群体普遍具有品质可靠、意志坚定，具有灵活、目标明确、纪律性强以及身体健康等特点，对企业来说也是非常重要的一个来源。

### 2. 外部招聘的一般方法

一般而言，外部招聘的主要方法如下。

（1）发布招聘广告

在实施外部招聘时，需要把企业的招聘信息以合适、合理的方式发布出去，以招聘广告的形式展现在可能的申请者面前。这就如同市场营销中的营销广告一样，它直接决定有多少人会来应聘。而这也是招聘阶段非常关键的工作，它的成败直接决定了整个招聘与甄选的可选择范围。所以，在招聘与甄选工作中一定要重视招聘广告的制作和投放。

招聘广告要有效才能招聘到所需要的人力资源。有效的招聘广告，是指企业能把招聘信息以经济上最合理、时间上最快速的方式传递给企业所需要的人力资源，并吸引他们采取最强烈的求职行动的广告。广告的有效程度取决于两方面：一是广告要考虑媒体的选择；二是广告要传递到目标群体，并激发他们强烈的求职行为。

（2）借助职业介绍机构

我国劳动力市场上出现了很多职业介绍机构，既有劳动部门开办的，也有一些私营的职业介绍机构。这些机构为用人单位与求职者之间搭建了一个很好的桥梁，为用人单位推荐求职者，为求职者推荐工作。很多劳动部门开办的职业介绍机构也定期举办一些人才交流会和招聘会，为企业招聘人才提供了很好的平台。

一般来看，企业在以下情况下才会选用职业介绍结构：一是过去企业难以吸引足够数量的申请者；二是企业在目标劳动力市场上缺乏招聘经验；三是企业需要的员工数量少；四是企业急于填充岗位空缺；五是企业试图招聘到现在正在工作的员工。

（3）推荐招聘

推荐招聘就是指通过企业的员工、客户或者合作伙伴的推荐来进行招聘，这也是外部招聘的一种重要方法。这种招聘方法的好处是：招聘的成本比较低；推荐人对应聘人员比较了解；应聘人员一旦录用，离职率比较低。它的缺点是：容易在企业内部形成非正式的小团体；如果不加控制，会出现任人唯亲的现象；由于推荐的应聘人员不可能太多，甄选的范围比较小。

（4）网上招聘

网上招聘也叫作线上招聘和电子招聘，是通过互联网平台开展招聘活动，包含了职位需求的发布、整理简历资料、线上面试、线上评估等步骤。这是对传统招聘流程的一种复制，并且通过线上招聘，整个招聘流程具有互动性，没有地域的限制和具备了远程控制的能力，更有利于人才的招揽，给招聘的方式带来了全新的局面。

近几年，通过网络选聘人才的企业数量和人才招聘网站访问次数大幅度持续增长，互联网已经成为单位招聘和人才求职的主要渠道，与传统的人才市场并驾齐驱成为人才供求的集散地。用人单位和毕业生双方在互联网上都可以进行简便快捷的交流和洽谈，不必再奔波于传统的就业市场，大大减少了中间环节，降低了用人单位的招聘成本和毕业生的求职成本，低成本、高回报的网上就业市场成为单位和毕业生招聘求职的首选渠道。

## 三、有效招聘的基本程序

为了顺利高效地进行招聘活动，企业在招聘时会按照一定基本程序进行，这种程序保证招聘的有序性与高效性。一般情况下，企业招聘的基本程序可分为以下几个步骤：确定招聘需求、员工招募、员工甄选、员工录用和招聘评估。

### （一）确定招聘需求

确定招聘需求是进行人力资源招聘的基础工作，要确定的内容包括数量和质量两方面。确定招聘需求的过程就是明确企业需要招聘的职位类型和招聘人数，这是开展接下来的招聘工作的基础。这项工作需要相关人员进行人力资源规划和工作分析作为前提和基础，这样才能确定企业需要招聘的职位和人数，才能根据职位要求和特征开展招聘工作。

### （二）员工招募

员工招募，是指企业通过各种方式方法吸引应聘者前来应聘，再从中选择符合企业基本要求的应聘者等待下一步审核。企业根据职位需求，采用科学适当的招聘方法，通过合适的招聘渠道，吸引应聘者前来应聘，以达到招募人才的目的，这个过程就是员工招募。员工招募可以理解为企业通过各种方法吸引应聘者前来应聘。员工招募主要包括两个步骤：发布招聘信息和接待应聘者。通过发布信息招募应聘者，通过接待应聘者获取应聘者相关资料。

### （三）员工甄选

员工招募的目的是吸引尽可能多的符合职位基本要求的人才前来应聘，但并不是所有应聘者都适合吸纳到公司进行工作，这时就要通过科学有效的甄选对前来应聘的人员进行测评、筛选，这个测评筛选的过程就是员工甄选。员工甄选可以系统、客观地对应聘者进行评价，测试应聘者是否具有符合企业要求的专业能力和个人素养，以便从中挑选出最适合企业的人才。

### （四）员工录用

企业进行员工甄选后，就会进行员工录用工作。员工录用是做出录用决定并对录用人员进行员工安置的活动。主要包括录用决策、发放录用通知、办理入职手续、员工的初始安置、试用、正式录用等内容。在这个阶段，招聘者和求职者都要做出自己的决策，以便完成个人和工作的最终匹配。

### （五）招聘评估

招聘评估是招聘活动的最后一项工作，企业通过招聘评估审视之前招聘活动出现的问题，对招聘活动的成效做出评价，这种评估有助于企业今后招聘活动的开展，有利于提高企业今后的招聘效率和效果。招聘评估主要包括两方面：一是进行招聘结果评估，将招聘计划与实际招聘的结果进行比较，做出分析评价；二是进行招聘效率评估，对此次招聘的工作效率做出分析评价，以便提高今后的招聘效率。招聘评估是一项重要的工作，它对刚完成的招聘工作进行分析评价，发现其中存在的问题，有利于企业对今后招聘工作进行改进，提高企业的招聘效率，以达到更好的招聘效果。

## 第二节　员工培训与开发

培训是指组织以组织发展需要及员工自身发展需要结合为依据，通过一定的方式和手段，促使员工的认识与行为在知识、技能、品行等方面获得改进、提高或增加，从而使员工具备完成现有工作或将来工作所需要的能力与态度的活动。

### 一、员工培训的意义

第一，员工培训是人力资源开发的重要途径。人力资源开发的主要途径有员工培训、员工激励、职业发展、员工使用和保护等，其中培训是最常用的手段之一。

第二，员工培训能满足企业发展对高素质人才的需要。现代企业之间的竞争归根结底是人才的竞争，企业的发展需要大量高素质的人才。包括高素质的研究开发人员、管理人员、专业技术人员、生产骨干员工等。按照松下幸之助的观点，人才不是"捡"来的，而是企业自己培养的。因此，企业可以通过培训提高员工的素质，满足企业发展的需要。

第三，员工培训能满足员工自身发展的需要。根据马斯洛的需求层次理论，认为需求由低到高可分为生理、安全、社交、尊重和自我实现的需要。尊重和自我实现需求属高层次的精神需求，是员工自身发展的自然要求，它们对人行为的激励作用最大，而这些需求的满足是以自身素质的提高、提升到一定的管理岗位、工作中发挥个人潜能、工作干出一番成就为前提的。这就需要通过培训来实现。

　　第四，员工培训是提高企业效益的重要手段。通过培训提高了员工的工作技能、端正了工作态度、增强了工作责任心、发展了个人工作能力、满足了员工的发展需要，则会提高员工的满意度而激发其工作热情，最终则有利于提高工作效率，节约劳动消耗，从长远来看，可以提高企业效益，因而企业领导者应有长远发展眼光，不能仅考虑眼前利益。

　　第五，员工培训是一项最合算、最经济的投资。培训需要大量的投入，这种投入不是费用的发生，而是人力资本投资的一种形式，其投资回报率要远远高于其他物质资源投资。

　　第六，员工培训是企业持续发展的保证。企业持续成长是指在一个较长的时间内，通过持续学习和持续创新活动，形成良好的成长机制，企业在经济效益方面稳步增长，在运行效率上不断提高，企业的规模不断扩大，企业在同行业中的地位保持不变或有所提高。为此也必须通过培训及其他途径提高全体人员的素质，以高素质的员工队伍为保证。

## 二、员工培训的方法

　　在人员培训中，管理者或培训者经常需要选择一种培训方法。实际工作中培训员工的方法有很多，如讲授法、研讨法、观摩法、角色扮演法和工作轮换法，其中，讲授法和研讨法最常用。这些方法又分为在职培训和脱产培训两大类。[①]

### （一）在职培训法

　　在职培训法有一对一培训法、教练法和工作轮换法三种。

#### 1. 一对一培训法

　　一对一培训法是一种常用的培训方法，在这种培训方法中，培训者和被培训者一对一结对，单独传授，也就是传统的"传、帮、带"和"师徒制"。培训过程包括培训者描述、培训者演示和被培训者在培训者的监督下练习三个环节。当然，在此种培训方法中还可以补充各种文字材料、录像带和其他资料。

　　一对一培训法的优点：一是花费的成本低，在培训过程中，学员边干边学，即"干中学"，几乎不需要额外添置昂贵的培训设备；二是培训与学员工作直接相关，因为，学员在培训中使用的设备或所处的环境一般与以后工作过程中的非常相似，甚至是相同的；三是培训者能立即得到培训效果的反馈；四是这种培训方法比较灵活——培训者可根据情况变化随时调整培训内容和方式。

---

　　①　魏迎霞，李华. 人力资源管理［M］. 开封：河南大学出版社，2017：131.

一对一培训方法不足：一是在许多组织中一对一培训并没有周详、系统的设计，而是较为随意地进行，换句话说，组织运用此法开展培训工作较为草率；二是运用一对一培训法进行培训时，培训内容常常是一些简单、常规、机械式的操作，例如，简单的机械操作、档案管理和简单的清洁工作适合用一对一培训法进行员工培训；三是组织中也许找不出合适的培训者，例如组织内没有精通 CAD（计算机图形设计）的人，就不能用一对一培训法开展这项培训工作。

### 2. 教练法

随着人们对体育运动越来越青睐和投入，教练技术也越来越受到人们的关注。一些具有远见卓识的企业管理者，已经将运动场上的教练方式运用到企业培训上来，并形成一种崭新的教练培训方式。

在教练法这种培训方式中，培训对象的教练需要做到三点：一是指导培训对象做出计划、策略，以引导培训对象思考为什么要做、如何做；二是指出培训对象不能或没有想到的状况等；三是持续的引导与客观意见的反馈。

### 3. 工作轮换法

工作轮换法亦称轮岗，指根据工作要求安排在不同的工作部门工作一段时间，通常时间为一年，以丰富新员工的工作经验。在历史上出现于日本的工作轮换，主要是以培养企业主的继承人为目的，而不是较大范围内推行的一种培训方法。现在许多企业采用工作轮换是为培养新进入企业的年轻的管理人员或有管理潜质的未来管理人员。

就优点而言，工作轮换法能改进员工的工作技能、增加员工的工作满意度和给员工提供宝贵的机会。从员工的角度来看，参加工作轮换法培训的员工比未参加这种培训的员工能得到快速的提升和较高的薪水。

就缺点而言，工作轮换法由于不断地进行工作轮换给被培训者增加工作负担，还会引起未参加此种培训员工的不满。

## （二）脱产培训法

脱产培训有讲授法、影视培训法、远程培训法和虚拟培训法等培训方法。

### 1. 讲授法

讲授法是由培训者向众多学员讲解培训内容，培训者一般是该方面的专家。培训过程中，培训者会鼓励学员参与讨论或提问，但大多数情况下是单向交流，几乎没有实践时间。该方法是最为传统的脱产培训方法之一。

讲授法的优点是：能有效提供相关的基本信息；适用于各种内容的培训；有高超讲授技巧的培训师能提供优秀的培训。当然，讲授培训法也有不少缺点：培训效果受培训师表达能力的影响较大；较少考虑被培训者的理解能力；费用昂贵——培训师每小时的收费标准在几百至几千美元；用于某些实践性强的领域（如人际交往）收效甚微。

### 2．影视培训法

影视培训法是用电影、影碟、投影等手段开展员工培训，其优点是：学员直观地观察培训项目的过程、细节，引起视觉想象；能随时停下片子的播放，伴以培训师的细致讲解，加深学员的理解，收到良好的培训效果；反复地进行，便于学员复习所培训的内容。不足之处是：学员处于被动地位，无法进行相互的交流；高昂的制作成本限制了该培训方法的使用。尽管如此，影视培训法仍深受众多组织的喜爱。

### 3．远程培训法

远程培训法指将学习内容通过远距离传输到达学员的学习地点，以供学员学习。由于采用的设备不同而有多种不同的具体形式，如广播、电视、因特网等。目前通过网络进行培训是最常用的远程培训方式，这与培训内容容易更新、电脑的普及、网络技术不断改进和网页界面越来越友好有很大的关系。

远程培训法因具有可以克服空间上的距离、节省时间、在一个特定的时间宽度内能不定期、持续地接受培训以及学员更易接近电子数据库等众多优点而受到越来越多组织的青睐。计算机行业巨子IBM① 就是成功地开展远程化培训的典型例子。IBM 培训部将各分部员工所需培训内容进行编辑，制作成电子教材后在内部局域网发布，供学员随时随地上网进行自我培训或集体培训，节约了大量的培训费用，有效地降低了产品成本，收到了良好的培训效果。利用网络开展远程化培训方便、效率高，能满足各种行业的需要，远程化培训利用网络实现跨地区、跨国联网，既满足了异地培训的需要，又比较容易地获取各种新的知识和信息，大大减少了有关培训的支出。

### 4．虚拟培训法

虚拟培训法包括时空、内容、设备和角色的虚拟化，具有沉浸性、自主性、感受性、适时交互性、可操作性、开放性和资源共享性等优点。虚拟现实技术为现代组织的人力资源培训开辟了一条新的道路，特别为那些投资成本极高、难度很大、环境危险和操作性较强的技能培训搭建了崭新的培训平台。

---

① 国际商业机器公司或万国商业机器公司，简称 IBM（International Business Machines Corporation）。总公司在纽约州阿蒙克市。

经济全球化的发展，导致竞争残酷激烈，无论哪个行业都将规避风险、降低成本变为迎接激烈竞争的有力武器和首要任务。为了满足这种要求，充分利用高科技手段，综合计算机、图形、仿真、通信和传感等技术，为培训建立起一种逼真的、虚拟交互式的三维空间环境，这种与现实世界极其相像的、虚拟的人力资源培训与开发技术应运而生，并开始得到广泛的认可和运用。

建构在虚拟现实技术之上的现代人力资源培训与开发的方法，具有传统培训方法所无法替代的优点，并且体现了信息化这一社会发展特征。随着全球经济一体化，竞争越来越白热化，虚拟化的人力资源培训与开发方法有着强大的生命力和发展前景。

## 三、员工培训开发体系的设计

时代的进步和发展让企业对人才的需求随之提高，为了满足自身对人才源源不断的需求，企业人力资源管理的重点在于开发和培训现有的人力资源。所以这也要求企业的培训开发系统更加规范化、系统化、流程化，更加有针对性。

一般来说，企业对员工进行培训、整合内部的培训资源主要参照培训开发体系开展，建立和完善规范化的培训开发体系，对企业大有裨益：一是推动人才培养目标的实现；二是让企业的培训工作得到持续性和系统性发展；三是保证培训管理者能够有效评估员工的培训效果。

培训开发体系设计应遵循以下原则。

第一，以企业战略为主导。企业设计人力资源培训开发系统是为了实现企业的战略目标，为企业近期甚至是将来人才数量和质量的需求提供保障。因此，在开放体系的具体实施步骤方面，还要从企业长远发展的角度出发组织相关培训工作。

第二，按需施教、学以致用。培训活动不能"一刀切"，要根据员工的层次和类型、基础开展不同的培训，从而提高培训的精准度和成效。这是因为，企业的员工在学历、基础和工作类别、工作层次等方面有很大的区别，为了让他们学习到更多的新技术、新知识、新理念，企业应该分类开展培训活动，对不同类别的员工开展不同的培训才能真正提高他们技能，进而共同推动企业实现战略目标。

第三，全员培训和重点提高相结合。员工的利益和企业的利益紧密相连，企业的发展和成功也是所有员工一起努力的结果，特别是那些具有高技术的核心人才，他们为企业做出的贡献更大。企业培训不仅包括新人培训和全员普及培训，而且要对企业的高层次管理人才和领导层、骨干技术人才开展培训，做到统筹兼顾。

第四，长期性原则。企业的培训并不会取得立竿见影的成效，而是培训内容一点一滴的积累对员工产生潜移默化的影响，从量变转化成质变。因此，企业要充分认识到培训是长久投资和持续投资的过程，要持之以恒才能获得更好的成效。设计培训开发体系时，要坚持以人为本的原则，用长久性和持续性的精神组织培训活动。

第五，主动参与原则。员工培训开发体系的主体是企业的全体员工，同时员工又是企业实现战略目标的具体实施者和参与者，他们对自己的工作职责、工作中存在的问题了如指掌，也更加明白自己或者企业需要改进和提高的方面。因此，企业要充分调动员工的积极性和参与感，使其加入设计员工培训开发体系的过程。一方面，能帮助解决企业发展存在的问题，推动企业的发展；另一方面，能让员工参加培训的热度不断提高。

第六，严格考核和择优奖励原则。不论是大企业还是小企业，都会开展员工培训活动，但是他们取得成效往往有很大的差别，主要是因为培训方式和培训内容对员工的吸引力不同、培训老师的质量不一样，影响最大的因素还是培训的考核和奖励方式。如果将奖励和考核融合到一起，那么员工会十分愿意参加培训，如果严格考核，则员工会用端正的态度参与培训；如果没有考核或者考核比较简单，则员工也不会认真参与。

第七，投资效益原则。员工培训开发体系的建设本质上是企业的一项长期投资，投资的产品是目前企业拥有的人力资源，与其他产品投资类似，企业对人力资源进行投资，利用培训的方式不断提高员工的专业能力，让他们为企业创造更多价值，这才是培训的最终目的。此外，还要依据企业的战略目的，不断调整培训方式和培训内容，争取实现培训效果的最大化。

# 第三节 员工绩效管理

## 一、绩效的含义与特征

### （一）绩效的含义

对于绩效的含义，人们有着不同的理解，最主要的观点有两种：一是从工作结果的角度出发进行理解；二是从工作行为的角度出发进行理解。应当说，这两种理解都有一定道理，但是都不是很全面，因此我们主张从综合的角度出发来理解绩效的含义。所谓绩效，指员工在工作过程中所表现出来的与组织目标相关的并且能够被评价的工作业绩、工作能力和工作态度，其中工作业绩指工作的结果，工作能力和工作态度则是指工作的行为。理解这个含义，应当把握以下几点。

第一，绩效是基于工作而产生的，与员工的工作过程直接联系在一起，工作之外的行为和结果不属于绩效的范围。

第二，绩效要与组织的目标有关，对组织的目标应当有直接的影响作用。例如员工的心情不属于绩效，因为它与组织的目标没有直接的关系。组织的目标最终都会体现在各个职位上，因此与组织目标有关就直接表现为与职位的职责和目标有关。

第三，绩效应当是能够被评价的工作行为和工作结果，那些不能被评价的行为和结果也不属于绩效。例如，学生上课时的专心程度就不能直接作为绩效来使用，因为它很难被评价。

第四，绩效还应当是表现出来的工作行为和工作结果，没有表现出来的就不是绩效。这一点和招聘录用时的选拔评价是有区别的，选拔评价的重点是可能性，也就是说要评价员工是否能够做出绩效。

## （二）绩效的特征

绩效的特征主要包括以下几方面：

### 1. 多因性

多因性是指员工的绩效会受多种因素的影响，并不是单一因素就能决定的。影响工作绩效的主要因素有技能（Skill，S）、激励（Motivation，M）、环境（Environment，E）和机会（Opportunity，O），其中，前两者是主观方面的影响因素，后两者则是客观方面的影响因素。

### 2. 多维性

绩效是多维的，没有单一的绩效测量。工作结果、行为或能力均属于绩效的范畴。

### 3. 变动性

变动性是指员工的绩效并不是一成不变的，在主客观条件发生变化的情况下，绩效是会发生变动的。绩效差的员工可能通过努力得到提升，绩效好的员工可能因为激励不足变差。员工绩效是多因素共同作用的结果，员工所拥有的外部环境和主观因素随着时间的推移不断地发生变化，因此员工的绩效必然是一个动态的变化过程。

## 二、绩效管理概述

### （一）绩效管理的定义

绩效管理是现代人力资源管理中一项极为重要的内容。绩效管理是通过对雇员的工作进行计划、考核、改进，最终使其工作活动和工作产出与组织目标相一致的过程。

绩效管理一方面关注的是员工工作的结果；另一方面其对于员工的工作行为或工作过程本身更为关注。因为这样有助于从过程出发发现问题，并有针对性地找出原因，在这个过程中可以不断进行调整、改进，以确保组织目标的顺利实现。绩效管理的基本思想在于对绩效的不断改进和完善。

### （二）绩效管理的特点

绩效管理具有显著的特点，概括来说主要包括以下几方面。

1. 可控性

绩效管理不是一个单向的活动，它需要组织与员工不断进行沟通与交流，单纯的"命令"和"执行"难以保证整个绩效管理过程的顺利进行。在绩效管理过程中，通过彼此间的交流与沟通，员工可以明确地知晓组织的发展目标，并且双方会在业绩要求上达成共识，从而保证员工的工作过程的可控性以及工作结果与组织目标的一致性。

2. 联结性

绩效管理将员工的工作方式、工作态度以及组织目标紧紧地联系在一起，这个不仅是员工工作改善的过程，也是企业目标的细化过程。组织的绩效最终要通过员工的绩效来实现，而员工的绩效又必须在组织目标这一整体框架内进行评价，并且评价的内容和标准都要以组织目标为依据，他们是相互依存、相互促进的整体和部分。

3. 系统性

绩效管理实际上是一个完整的系统性工作，它不仅包括了工作绩效的界定、衡量，还包括了绩效信息的反馈，这三个过程缺一不可。保证绩效管理的系统性需要注意三方面的问题。

第一，通过绩效评价对员工的各方面的绩效进行衡量。

第二，要明确对组织目标实现具有重要意义的绩效内容。

第三，通过绩效反馈将最终的绩效评价信息反馈给企业员工，使员工能够根据组织的目标不断提高自己的工作业绩。

### （三）绩效管理的意义

绩效管理具有重要的意义，概括来说主要包括以下几方面。

#### 1. 绩效管理是企业战略落实的载体

与员工绩效直接挂钩的是员工的工作态度和工作方式，绩效管理通过为每名员工制定切实可行的绩效目标，可以将公司战略、企业与人合为一体。企业在绩效目标的制定上应当注意自上而下的制定程序，也就是说，公司的战略通过绩效目标的制定层层下传。

#### 2. 绩效管理是员工进步的助推器

绩效管理具有极为积极的推动作用，它促使管理者对员工进行指导、培养和激励，提高员工的工作能力和专业水平，进而改善和提高自己的绩效。绩效管理对员工进步的推动作用主要表现在三方面。

第一，企业通过绩效管理，可以清晰地发现员工之间的差距，并促使其寻找造成这种差距的内在原因，进而使员工充分发挥自己的长处，在工作中不断进步。

第二，企业通过绩效管理，使员工持续改进工作绩效。

第三，企业通过绩效管理，可以增强各级管理者之间、管理者和员工之间的交流和沟通，从而便树立员工的团队意识，增强企业凝聚力。

通过上面的描述我们可以看出，绩效管理不仅是人力资源管理的重要组成部分，更是现代企业增强自身发展能力、改善企业管理的重要手段。绩效管理就是要通过考核提高个体的效率，最终实现企业的目标。

#### 3. 绩效管理是构建、强化企业文化的工具

企业文化是企业极为重要的无形资产，它深刻地影响着企业产品在销售市场上的形象和口碑。现代经济条件下，很多企业都在努力构建自己的企业文化，但大部分企业对这一概念的认识并不深入，只是停留在几句象征性的宣传口号上。企业文化的核心就是企业经营的价值准则，体现在企业生产和管理的各方面，而绩效管理在企业价值观的传递过程中扮演的正是"中间人"的角色，具有强化和构建的作用。

## 三、绩效管理系统的设计

### （一）绩效管理系统设计的一般思路

绩效管理系统是一个系统，在设计时要考虑系统性，它也是一个过程，也要考虑过程

性。设计绩效管理系统首先需要企业有明确的发展战略和经营目标，同时它作为制度和模式的一部分，还需要企业有一定的组织制度和模式做支撑。可见，企业的发展战略以及制度和模式情况对薪酬管理系统的设计有着重要的影响。在设计绩效管理系统时，要做好分析企业组织情况的工作，并且要保证企业相应制度和模式的正常运行。只有如此，才能保证绩效管理系统设计的顺利进行。

## （二）绩效管理系统设计的步骤

绩效管理是一个系统管理，设计绩效管理系统是一个较复杂的过程。绩效管理系统设计的主要步骤如下。

### 1. 明确关键作用者

设计绩效管理系统是一项复杂任务。开始这一任务的第一步是确定哪些人是参与该任务的关键人员。做事的人明确了，才可能议论怎样做事。

### 2. 分析当前组织背景

在绩效管理系统的一般思路中就强调对组织目标、文化等因素的分析和判断。同样，在绩效管理设计过程中必须将这一点落到实处，具体分析和评估所在企业的主要背景因素。这些主要因素包括组织愿景、目标和战略、组织文化、组织管理制度和政策、现有的绩效管理活动与人力资源管理政策的匹配情况和报酬制度。

### 3. 设立组织及其部门绩效目标

以企业愿景、目标和战略地图为导向，分析企业内外部经营环境和障碍，确定企业层面的绩效目标，特别是确定企业层面的关键绩效目标，在此基础上，结合各部门的职能定位，并与部门沟通，分解企业层绩效目标，制定部门绩效目标，特别是确定部门关键绩效目标。

### 4. 设计绩效管理流程

绩效管理流程的设计是绩效管理系统设计的重要内容，关系到绩效管理系统的应用效果。在设计流程前，首先要对组织和部门的绩效目标进行明确。

（1）明确绩效管理目标

明确绩效管理目标是建立有效可行的绩效管理流程的第一步。企业的绩效管理目标取决于企业自身的实际，企业的绩效目标往往会因其所处的发展阶段、制定的发展战略不同而存在差异。总之，绩效管理目标是为企业的发展服务的，一般来说，包括战略性目标、行政管理性目标、开发性目标三方面。

（2）绩效计划

在明确了绩效管理目标之后，要做好绩效计划。绩效计划关系到绩效管理工作的开展以及效果的实现。在做绩效计划时，要关注绩效目标，以确定好的绩效目标为依据，收集相关的信息，并与员工沟通，确定好每名员工的绩效目标和标准，以及绩效实现的时间，并制订行动计划，保证工作落到实处，能为绩效管理提供指导。

（3）绩效促进与辅导

绩效促进与辅导也就是绩效的执行。在确定好绩效管理目标、制订好绩效计划后，要做好绩效执行。要使每名员工明确自己的绩效目标和职责，并收集员工在执行过程中的信息及反馈意见，根据要求做好绩效的改进。同时，员工也要根据管理者的指导，做好本职工作，实现绩效目标。

（4）绩效评估与反馈

绩效评估是绩效管理中的关键环节。设计和明确绩效评估的目标，绩效评估目标要与绩效管理目标及绩效计划相一致。结合设计的绩效目标和标准，设计合适的绩效评估方法。企业根据绩效评估目标、绩效评估对象和评估内容，设计和选择合适的评估方法。同时，选择和确定合适的绩效评估人员。在现实评估中，不是设计和选择的评估者越多越好，也不是哪一类评估者在什么场合都能胜任评估者的角色。每一类评估者各有特点，适合于不同的情景和不同的评估目的，参与评估的方法也不同。

对绩效评估的同时，需要加强对绩效评估的反馈。因此，需要设计绩效评估的反馈方式和途径。管理者对不同岗位的员工和不同绩效表现的员工采用的反馈方式不完全相同，有的是以绩效面谈的方式，有的是以书面的方式，有的是采用小型会议的方式。

（5）绩效评估结果应用

绩效评估结果的应用设计需要根据绩效管理目标和绩效评估目标进行，并在绩效评估结果应用实施过程中跟踪、监控和总结，为绩效管理系统的更新和完善提供依据。

概括来说，绩效评估结果主要应用于以下几方面：第一，应用于员工薪酬管理；第二，应用于员工晋升、调动和辞退的决策制定；第三，应用于奖惩的有效实施；第四，应用于员工的培训与开发；第五，应用于管理者与员工之间工作关系的改进。

（6）绩效管理改进和重新协议

绩效评估得出之后，就要以其为依据，对绩效管理进行一定的改进，使之更加完善、更加适应企业的需要。如有必要，还要进行重新协议。

5. 实施绩效管理的保障

为确保绩效管理流程的有效实施，还需要设计一套保障体系。这种保障体系主要包括绩效管理培训、绩效文化支持、沟通渠道与信息技术保证及人力资源管理系统的支持。

### 6. 评估绩效管理系统

评估绩效管理系统是看绩效管理系统是否实现了绩效管理目标，以及判断其发挥的作用如何。这在一定程度上反映了企业的执行能力。在设计绩效管理系统时，评估绩效管理系统这一环节必不可少。

对绩效管理系统进行评估，主要是对其中核心环节的评估，主要涉及绩效计划、绩效促进与辅导、绩效评估与反馈、绩效评估结果应用这些方面。

在对绩效管理系统进行评估时应该重视员工的反馈信息。因此，企业应该设置收集员工反馈信息的渠道。绩效管理的计划再好，在具体的管理过程中还是会出现各种各样的问题，尤其是在公平合理方面。如果对这方面的问题视而不见，将会影响绩效管理系统的进一步应用，也会影响员工的积极性，进而为企业的发展埋下隐患。因此，一定要畅通员工与企业的沟通渠道。一般来说，企业会设置有关绩效管理的相关小组或者机构，专门负责反馈信息以及各种建议的收集。这样有利于及时获取企业员工对绩效管理评估的想法，有利于绩效管理评估的公平公正，也有利于绩效管理系统的进一步改进和完善。

# 第四节　员工薪酬管理

## 一、薪酬的定义与功能

### （一）薪酬的定义

薪酬具有广义和狭义之分。

广义的薪酬也称为劳动报酬，是指员工因向所在组织提供劳动或劳务而获得的各种形式的报酬，包括经济性报酬和非经济性报酬两大类。经济性报酬又可分为直接经济性报酬和间接经济性报酬。直接经济性报酬是按照一定的标准以货币形式向员工支付的报酬，如基本工资、奖金、津贴、分红、股票与期权等。间接经济性报酬不直接以货币形式发放，但可以给员工带来生活上的便利、减少员工额外开支或者免除员工后顾之忧，如保险、福利、带薪休假等。非经济性报酬是指无法用货币等手段衡量的由企业的工作特征、工作环境和企业文化带给员工的愉悦的心理效用，如工作本身的趣味性和挑战性、个人才能的发挥和发展的可能、团体的表扬、舒适的工作条件以及团结和谐的同事关系等。

狭义的薪酬是指员工在向组织提供有效劳动后，从组织获得的全部显性或隐性的经济性收入，即直接和间接的经济性报酬，也是我们通常所讲的薪酬。

## （二）薪酬的功能

薪酬系统是组织人力资源管理的核心内容之一，每一个优秀组织的薪酬系统都具有相同的三个功能。

### 1. 保障功能

员工作为企业的人力资源，通过劳动取得报酬来维持自身的衣、食、住、行等基本需要，保证自身劳动力的生产。薪酬的保障功能主要体现在满足员工的物质需求、安全保障需求以及精神和个人地位的需求三方面。

### 2. 调节功能

薪酬的调节功能主要表现在劳动力的合理配置和劳动力素质结构的合理调整两个方面。在通常情况下，企业一方面可以通过调整内部报酬水平来引导内部人员流动；另一方面，对外则可以利用报酬的差异来吸取急需的人才。

### 3. 激励功能

报酬不仅决定员工的物质生活条件，而且是体现员工社会地位的重要因素，是全面满足员工多种需要的经济基础。报酬是否公平，直接影响员工的积极性。正常合理的报酬分配，有助于调动员工的积极性；反之，则会挫伤员工的积极性，从而丧失报酬的激励功能。薪酬激励功能的典型表现是奖金的运用，奖金是对工作表现好的员工的一种奖励，也是对有效超额劳动的报偿。

## 二、薪酬管理及影响因素

## （一）薪酬管理的定义

薪酬管理是在组织发展战略指导下，对员工薪酬支付原则、薪酬策略、薪酬水平、薪酬结构、薪酬构成进行确定、分配和调整的动态管理过程。薪酬管理要为实现薪酬管理目标服务。薪酬管理目标是基于人力资源战略设立的，而人力资源战略服从于企业发展战略。

## （二）薪酬管理的原则

### 1. 公平性原则

公平性原则是薪酬管理的首要原则，指的是企业进行薪酬管理时，首先要考虑员工心理上的公平感、认同感和满意度方面的感受。实施公平性原则需要考虑员工以下三个层面的感受。

第一个层面：外部公平性感受。外部公平性感受是员工对外部其他同类企业的同类岗位进行对比后产生的是否公平的感受。这种公平感来源于员工对外部市场中同类岗位人才获得价值的判断和自身岗位获得价值之间的比较。

第二个层面：内部公平性感受。内部公平性感受是员工对公司内部其他同类级别和岗位进行对比后产生的是否公平的感受。这种公平感来源于员工对个人付出努力、绩效评定结果、个人价值的实现与其他同类岗位同事之间的比较。

第三个层面：制度运行公平性感受。制度运行公平性感受是员工对公司薪酬制度和政策执行过程中是否公平公正、公开和严格性的感受。这种公平感来源于员工对公司薪酬管理质量的主观判断。

公平性原则是相对的，而不是绝对的。薪酬管理不可能做到每个人都满意。公平性原则的含义不是追求绝对意义上的工资水平的平均，而是综合考虑岗位价值、个人能力、贡献大小、绩效高低等因素，采取各岗位薪酬"该高的高，该低的低"的相对公平原则。

### 2. 激励性原则

激励性原则指的是薪酬政策应能够在一定程度上激发员工的积极性和责任。薪酬通常是企业对员工最基本的激励方式。

激励性原则不代表一定要采取高薪政策才能够有效地激励员工。人才激励靠的是体系和机制，而不是单一的高薪。物质激励是基础，精神激励是根本，在二者结合的基础上，才能实现激励性的目的。

满足员工的需求是有效激励的第一步，但员工需求各有不同，而且随时空不断变动，所以要实施有效的激励，管理层必须了解员工、关心员工，有针对性地实施激励，才能达到最佳的效果。

激励性原则也不是一味地肯定和纵容员工的所有行为。激励有正激励和负激励之分。正激励是组织对员工产生组织希望看到的行为而实施奖励；负激励是组织对员工产生组织不希望看到的行为而实施惩罚。

### 3. 竞争性原则

竞争性原则指的是企业如果想吸引外部人才就应采取在外部劳动力市场中相对有竞争力的薪酬政策。如果企业设置的薪酬水平在外部市场没有竞争力，那么不仅很难吸引到外部的优秀人才，企业内部的优秀人才也可能因为薪酬政策的劣势而选择离开。

需要特别注意的是，竞争性原则不代表企业一定要采取薪酬水平的绝对高值。绝对高值的薪酬水平不具备弹性和灵活性，有时候反而造成财务上的浪费，不一定能起到好的效果。有竞争力的浮动薪酬，丰富灵活的福利体系，良好的雇主品牌、工作环境、组织文化和管理氛围等，同样可以带来竞争性的效果。

### 4. 经济性原则

经济性原则指的是企业在薪酬管理时，要充分考虑自身的经营情况、财务状况和薪酬承受能力，用有限的资金发挥最大的作用。经济性原则与竞争性原则和激励性原则之间的关系并不矛盾，而是相互制约的对立统一关系。经济性原则有以下三层含义。

第一，是实现财务资源在人力资源上的最优配置。经济性原则并不是强调应该采取低薪酬水平的策略，而是对于薪酬水平需要低的岗位设置低薪酬，对薪酬水平需要高的岗位设置高薪酬。

第二，是实现人力资源的最合理、最优化配置。人力资源配置的过剩冗余同样是不经济的，是对企业资源的一种浪费。所以，在人力资源的配置和利用方面，企业同样应给予关注。

第三，是实现人力费用使用的最优化。人力费用的增长本质上是企业对劳动力的投资。一般来说，企业每年人力费用的增长幅度既应低于利润额的增长，也应低于劳动生产率的增长。企业增加人力费用的同时应该创造出相应的价值。

### 5. 战略性原则

战略性原则指的是企业在薪酬管理方面，要站在企业战略发展和目标的高度，充分考虑企业的战略。除了考虑公平性、竞争性、激励性和经济性之外，薪酬管理还应是一种有助于企业战略实现的管理手段。

企业在设计薪酬政策前，要明确战略目标和规划，明确在战略实现方面，薪酬管理中的哪些因素相对比较重要，哪些因素次之，对每项因素有优先级排序，确定其对战略的重要性。

### （三）影响企业薪酬管理的因素

**1. 外在环境因素**

（1）我国的相关政策与原则

为了保障广大工薪阶层的根本利益，我国企业员工的工资薪酬由国家有关法律进行宏观调控性的调整。概括起来，我国工资薪酬制度的基本原则主要有以下几点。

第一，多劳多得的按劳分配原则。

第二，坚持在发展生产、提高劳动生产率的基础上，遵循兼顾国家、集体以及个人利益的原则，逐步提高员工的工资报酬水平。

第三，工资标准的确定和工资的增长，应全面考虑各方面的关系，统筹兼顾，适当安排，以处理好各种差别，增强劳动群众之间的团结，鼓励员工提高技术，促进劳动生产率的不断提高。

第四，努力做好政治思想工作，坚持精神鼓励与物质奖励相结合的原则。

第五，各企业员工工资的变动应上报各级财政主管部门，以便国家掌握对国家财政收支的宏观调控。

（2）居民生活水平

企业在制定薪酬制度的时候必须考虑居民的生活水平。虽然企业的收入水平相对较高，但客观上与居民生活水平存在着比较关系，企业把自己的薪酬水平确定在什么标准上，以及与社会居民的收入水平、生活水平是什么样的比较关系，是企业管理者在制定报酬制度时需要考虑的因素。

（3）劳动力市场的供求状况。在市场经济条件下，劳动力市场的供求状况直接影响着员工对其薪酬的期望。劳动力市场的供求状况是调整劳动力流向，进而调节薪酬水平的重要杠杆。由于我国社会主义市场经济体制尚在建立和完善过程中，劳动力市场的发育尚不够完善，劳动力市场的供求状况对企业薪酬的影响，目前还不够直接或明显。随着社会主义市场经济体制的最终确立，劳动力市场的供求状况对薪酬的影响将会越来越明显。

**2. 组织内在因素**

组织内在因素对企业的薪酬管理具有最直接的影响，如企业的财务能力、预算控制、薪酬政策、企业规模、企业文化、比较工作价值、竞争力、公平因素等。这些因素直接影响着企业的薪酬水平，特别是影响那些非固定收入水平，如奖金、福利等。

**3. 个人因素**

每个人都具有不同于他人的个人特质，年资、绩效、经验、教育程度、发展潜力、个人能力等个人要素的差异对员工的薪酬水平具有很大的影响。

## 三、薪酬的设计

### （一）薪酬设计的基本原则

#### 1. 遵循公平性原则

根据公平理论，员工会进行两方面的比较：一是会将自己的付出与回报进行比较；二是会将自己的付出回报比与他人的付出回报比进行比较。如果员工觉得二者有不公平的现象，那么薪酬就不能起到激励员工的作用，还会因此影响员工的工作积极性，降低其工作效率，造成紧张的人际关系等。所以薪酬的设计要尽量公平，在现实中虽然不能做到完全公平，但至少在薪酬设计时应保证公平。

薪酬设计的公平性可以从两方面来考虑：一是外部公平性，指的是同一行业、同一地区、不同企业中类似的职位薪酬应基本一致；二是内部公平性，指的是在企业内部，员工所获得的薪酬应与其从事的工作岗位所要求的知识、技能、经验等相匹配。另外，不同职位如果没有多大差别，贡献或业绩相当，所获取的薪酬也应基本一致。

#### 2. 遵循激励原则

激励原则包含两方面的含义：一是薪酬设计应该做到按劳分配、多劳多得，即按不同技能、不同知识水平、不同能力、不同业绩水平等定薪，奖勤罚懒和奖优罚劣，这样才能发挥薪酬的激励性；二是组织要根据不同员工的不同需求，真实地了解员工的需求，利用薪酬的多样化组合来满足员工，从而达到激励的目的。

#### 3. 遵循经济性原则

在薪酬设计的过程中固然要考虑薪酬水平的竞争性和激励性，但同时还要充分考虑企业自身发展的特点和承受能力。员工的薪酬是企业生产成本的重要组成部分，过高的薪酬水平必然会导致人力成本的上升和企业利润的减少。所以，应该考虑人力资源成本的投入和产出比，把人力资源成本控制在经济合理的范围，使企业的薪酬既具有激励性又能确保企业的正常运作。

#### 4. 遵循合法性原则

企业薪酬分配制度必须符合国家有关政策与法律。为了维持社会经济的持续稳定发展，维护劳动者应取得的合法劳动报酬和必须拥有的劳动权益，我国政府颁布了一系列法律法规文件，如《中华人民共和国劳动法》《中华人民共和国劳动合同法》《最低工资规定》《工资支付暂行规定》等。这些法律法规对薪酬确定、薪酬水平、薪酬支付等进行了明确的规定。企业在设计薪酬过程中一定要遵守相关的法律法规，避免因薪酬问题引起劳动纠纷。

## （二） 薪酬设计的流程

制定科学合理的薪酬体系是企业人力资源管理的一项重要工作，薪酬设计的要点在于"对内具有公平性，对外具有竞争性"。薪酬设计需要考虑的因素较多，一般来说，企业要建立的是一种既能让大多数员工满意，又能确保企业利益的互利双赢薪酬设计模式，其一般流程可大致分为以下几个步骤。

### 1. 制定薪酬战略

企业人力资源战略服务于企业战略，所以薪酬战略也要考虑企业的战略和企业的目标。制定薪酬战略要考虑以下问题：薪酬管理如何支持企业的战略实施，薪酬的设计如何实现组织内部的公平性和外部的竞争性，如何制定薪酬才能真正地激励员工，如何提高薪酬成本的有效性等。

### 2. 薪酬调查分析

企业要吸引和保留住员工，不但要保证企业薪酬的内部公平性，而且要保证企业薪酬的外部竞争力，因此要进行薪酬调查。薪酬调查，就是通过一系列标准、规范和专业的方法，对市场上各职位进行分类、汇总和统计分析，形成能够客观反映市场薪酬现状的调查报告，为企业提供薪酬设计方面的决策依据及参考。因为薪酬调查是将企业内部的薪酬状况和其他企业薪酬状况进行比较，所以组织首先要进行全面的企业内部薪酬满意度调查，以了解企业内部的薪酬现状及发展需求，做到发现问题、弄清原因、明确需要，确保薪酬体系设计的客观性与科学性。同时，还要对同类、同行企业的外部薪酬水平状况做深入细致的调查。

对企业外部薪酬调查分析的主要内容一般包括以下三方面。

一是目标企业的薪酬政策。是控制成本还是激励或吸引员工；薪酬构成是高弹性、稳定性模式还是折中式模式；薪酬的其他政策，包括加班费计算、试用期薪酬标准等。

二是薪酬的结构信息。主要包括企业职位或岗位的组织结构体系设计、薪酬等级差、最高等级与最低等级差、薪酬的要素组合、基本薪酬与福利的比例、激励薪酬的设计等。

三是薪酬的纵向与横向水平信息。包括基本薪酬信息、激励薪酬信息及福利薪酬信息等。

由于这些调查对象一般都是竞争对手，且薪酬制度往往被视为商业机密，他们一般不愿意提供实质性的调查资料。所以，薪酬市场调查分析一般会比较困难，需要企业从多方面、多渠道进行，直接或间接地收取调查资料。一般来说，薪酬的调查方法分四种：企业薪酬调查、商业性薪酬调查、专业性薪酬调查和政府薪酬调查。企业薪酬调查是企业之间互相调查；商业性薪酬调查一般由咨询公司完成；专业性薪酬调查是由专业协会针对薪酬状况所进行的调查；政府薪酬调查是指由国家劳动、人事、统计等部门进行的薪酬调查。

### 3. 工作分析与评价

工作分析与评价的目的在于确定一种职位的相对价值，它是对各种职位进行正式的、系统的相互比较的过程。通过工作分析与评价，能够明确职位的工作性质，所承担责任的大小，劳动强度的轻重，工作环境的优劣，劳动者应具备的工作经验、知识技能、身体条件等方面的具体要求。同时，根据这些信息采取科学的方法，对企业所有的职位的相对价值做出客观的评价，并确定一种职位相对于其他职位的价值，从而最终以此来确定工资或薪资的等级结构。工作评价的基本原则是那些要求具备更高的任职资格条件、需要承担更多的责任以及需要履行更为复杂的职责的职位，应当比那些在这些方面的要求更低一些的职位价值更高一些。

对企业的员工来说，他们所感受到的公平合理，一方面，来自外部市场上同类职位薪酬水平相比的结果；另一方面，则来自内部同类、同级别职位人员的薪酬水平的比较。因此我们不仅要关注职位的绝对价值，还要关注职位的相对价值，而职位的相对价值则要通过工作评价来确定。工作评价是工作分析的必然结果，同时又以职位说明书为依据。即工作评价就是要评定职位的相对价值、制定职位的等级，以确定基本薪酬的计算标准。

### 4. 薪酬结构设计

通过工作分析与评价，可以表明每一个职位在企业中相对价值的顺序、等级。工作的完成难度越大，对企业的贡献越大，其重要性就越大，这也就意味着它的相对价值越大。通过薪酬调查以及对组织内、外部环境的分析，可以确定组织内各职位的薪酬水平，规划各个职位、岗位的薪酬幅度、起薪点和顶薪点等关键指标。要使工作的相对价值转换为实际薪酬，需要进行薪酬结构设计。

薪酬结构是指工作的相对价值与其对应的工资之间保持的一种关系。这种关系不是随意的，是以服从某种原则为依据的，具有一定的规律，通常这种关系用"薪酬政策线"来表示。从理论上讲，薪酬政策线可呈任意一种曲线形式，但实际上它们多呈直线或由若干直线段构成的一种折线形式。这是因为薪酬设计必须遵循的基本原则是公平性，组织内各职位的报酬与员工的付出应基本相等，各职位的相对价值就是员工付出的反映，因此绘制薪酬政策线各点的斜率应该基本相等，薪酬政策线呈直线。

5. 薪酬分级与定薪

绘制好组织薪酬政策曲线以后，通过薪酬政策曲线就可以确定每个职位的基本薪酬水平。但是当企业的职位数量比较多时，如果针对每个职位设定一个薪酬标准，会大大提高企业的管理成本。因此，在实际操作中，还需要在薪酬的每一个标准内增设等级，即在众多类型工作职位的薪酬标准内再组合成若干等级，形成一个薪酬等级标准系列。通过职位工作评价点数的大小与薪酬标准对应，可以确定每一个职位工作的具体薪酬范围或标准，以确保职位薪酬水平的相对公平性。

不同薪酬等级之间的薪酬差异称为薪酬级差。薪酬级差可根据员工的职位、业绩、态度、能力等因素划分，要尽可能地体现公平。级差的大小应与薪酬等级相符，等级差异大，级差相应也大；等级差异小，则级差也小。如果两者关系不相符，容易引起不同等级员工的不满。等级差异过大，薪酬等级较低层的员工会认为有失公平，自己所得过少；等级差异过小，薪酬等级较高层的员工会认为自己的贡献价值没有得到认可，因而会挫伤其工作积极性。

# 第五节　员工职业生涯管理

## 一、职业与职业生涯管理的界定

### （一）职业及其特征

职业的出现是随着社会的不断进步，以及经济的持续发展而社会分工的结果。自其出现以来，职业的含义也在不断丰富。长期以来，不少学者都在坚持研究职业的学术理论，在众多理论研究中，不同流派的专家学者因其研究目的不同，对职业的理论也有着自己不同的理解。因此，职业的概念是不固定的，它总在变化，没有统一的概念能够解释职业。目前，中国职业规划师协会对其的定义被大多数人接受，即职业是某个行业需要的职能。这是对职业的描述，职业有以下特征。

一是经济特征。从出现的角度看，职业的产生源自生产分工，在经济发展到一定阶段就一定会出现这样的结果，是历史发展的必然。从个体生存的角度来看，人们依靠工作来获得经济收入，每份工作背后都代表了一份职业，是个体能够在社会中生存的重要途径。从社会建设的角度看，职业是社会经济运行的重要支柱，能够为社会创造劳动财富，为社会的发展提供了必不可少的物质基础。从经济发展的角度来看，经济发展可以促进社会分工的改善，从而创造新的就业岗位。

二是社会特征。职业的产生和社会发展息息相关，是必然产物。就业岗位的出现反映了社会分工的改善。新工作岗位的出现，意味着社会分工得到了有效改善。社会成员在社会上从事着不同的职业，社会才能持续发展。

三是技术特征。一个职业的出现，意味着一个特定工作的开展必须由特定才能的人进行，这个人必须具备完成该工作任务的能力，满足高水平的专业工作要求。因此，每个职业都有一定职责，要求从业者的知识完备、技能熟练，这主要体现在对于从业者的学历、专业资格、专业技能水平等都有特定的要求。只有工作人员符合各项工作要求，才可以从事这个职业的相关工作。

四是群体特征。一个职业的出现，必然是很多人从事一个特定的职业，才能有一个特定的职业，一个人也可以从事多个职业。当一种工作的人数达到了一定规模，且被社会认可时，那么这份工作就可以称为一个职业，所以这个职业具有鲜明的群体特征。

五是发展性特征。职业一直都处于动态变化。它的发展深受社会经济、技术和文化等多方面因素的影响。社会经济、科技水平和文化发展程度都会导致社会职业的变化，有的职业在社会发展中消失了，但同时也会有新的职业出现。因此，职业有自身的发展性，职业发展离不开社会环境的发展。

## （二）职业生涯

### 1. 职业生涯的定义理解

"职业生涯"（career）是指一个人一生从事的职业历程。在20世纪初，社会发展相对稳定，一个人从事某职业之后，基本上不会改变，职业生涯的概念与职业或工作几乎没有什么差异。之后，随着社会经济的发展，社会变更加快，职业稳定性相应降低，不少人一生中可能会多次变换职业。这时，人们对职业生涯有了新的认识，注重其发展性，强调职业的发展变化。从担任职务的历程来看，职业生涯是指一个人职业发展与进步的过程，也可被看作企业内部的等级晋升；从工作经历方面来看，职业生涯是一个人一生工作经历的总和，包括其在企业生活中从事过的各种工作以及获取的职业经验；从个人的主观因素方面来看，我们也可将职业生涯理解为个人对自己职业的规划和事业理想等。虽然职业生涯有着各不相同的内涵与定义，但我们可以从中窥探到人们对职业生涯认识的共同之处，即指一个人在其整个生命过程中所从事的全部工作和获得的工作经验与技能的总和。从时间角度看，职业生涯包括一个人有意识地对自己的职业进行规划、准备、从事职业、改变职业、推出劳动的全过程。在这一过程中，职业经验的积累既可以是连续的，也可以是间断的。

2. 职业生涯规划的形态

职业生涯规划根据组织形态的不同，主要可以分为组织职业生涯规划和个人职业生涯规划两种。其中，组织职业生涯规划是指一个组织的人力资源管理部门，以满足组织发展需要为基本目的而进行的一系列管理活动。这种规划的主体是组织，在规划过程中注重组织成员与团体发展的结合，进而制定有关员工事业发展的战略设想与计划安排。如根据组织确定的员工发展目标编制员工的工作、教育和培训的行动计划等，以充分挖掘员工潜力，激励员工，并留住优秀人才。其根本目的是组织（企业）的发展。其实在最初，职业生涯规划就是企业作为组织的人力资源管理的一项重要内容而实施的，以后才进入学校的职业辅导领域。

个人职业生涯规划属于个人的主动行为，其以个人为出发点，对个人在不同阶段与职业相关的事件进行计划和安排。包括职业准备期的专业选择、技能培训以及具体工作的选择和调整等。对大学生而言，目前正处于职业准备阶段，自己未来的工作方向和工作单位都无法确定，所以可以暂时不考虑组织的发展要求。在校大学生应该将关注点放在挖掘自己特长、培养自身兴趣爱好上，并经常关注社会就业形势、分析社会需求，在此基础上综合考虑自己未来的职业定向。

另外，职业生涯规划按时间形态还可划分为短期规划、中期规划和长期规划。时间在一年以内的规划为短期规划，主要是制定短期目标，安排并实现短期内的任务；时间在2~5年的规划为中期规划，主要在短期规划的基础上进一步制定目标；时间在5年以上则为长期规划，主要是制定长远的目标。

## （三）职业生涯管理

职业生涯管理是指组织和员工对组织及员工个人的职业生涯进行设计、规划、执行、评估、反馈和修正的综合性的过程，是组织提供的用于帮助组织内正从事某类职业员工的行为过程。职业生涯管理分为个人职业生涯管理和组织职业生涯管理。从个人的角度讲，职业生涯管理就是一个对自己所要从事的职业、要进入的工作组织、在职业发展上要达到的高度等做出规划和设计，并为实现自己的职业目标而积累知识、开发技能的过程。从组织角度讲，职业生涯管理就是组织帮助员工制订职业生涯规划，建立各种适合员工发展的职业通道，针对员工职业发展的需求进行适时的培训，给予员工必要的职业指导，以促使员工职业生涯的成功。

## 二、职业生涯管理的理论支撑

### （一）职业选择理论

1. 职业性向理论

美国职业指导专家约翰·霍兰德（John Holland）在研究中发现，不同的人具有不同的人格特征，不同的人格特征适合从事不同的职业。由此他指出，人格（包括价值观、动机和需要等）是决定一个人选择何种职业的另外一个重要因素，并提出了著名的职业性向理论，指出决定个人选择职业的六种基本的"人格性向"，即现实型、调研型、社会型、常规型、企业型、艺术型。

（1）现实型（R）

这种类型的人一般具有机械方面的能力，乐于从事半技术性的或手工性的职业，他们更愿意去从事那些包含体力活动并且需要一定的技巧、力量和协调性才能完成的工作。现实型的人适应从事农场主、运动员、装配工人等。

（2）调研型（I）

这一类型的人为了知识的开发与理解而乐于从事现象的观察与分析工作。这些人思维复杂，有创见、有主见，但无纪律性、不切实际、易于冲动。具有这种性向的人会被吸引从事那些包含较多认知活动的职业，如生物学家、社会学家、大学教授。

（3）社会型（S）

具有这种性向的人喜欢为他人提供信息，帮助他人，喜欢在秩序井然、制度化的工作环境中发展人际关系和工作，其个性中较消极的一面是独断专行，爱操纵别人。社会型的人适于有诊所的心理医生、外交工作者等包含大量人际交往活动的职业。

（4）常规型（C）

具有这种性向的人会被吸引从事那些包含大量结构性和规则性的职业，他们喜欢和数据型及数字型的事实打交道，喜欢明确的目标，不能接受模棱两可的状态。这种个性类型的人最适于从事事务性的职业，如会计、出纳员、银行职员。

（5）企业型（E）

这种类型的人与社会型的人相似之处在于他（她）也喜欢与人合作。其主要的区别是企业型的人喜欢领导和控制他人，其目的是实现特定的组织目标。具有这种性向的人会被吸引从事那些包含大量、以影响他人为目的的语言活动的职业，如管理人员、律师。

（6）艺术型（A）

这种类型与传统型形成最强烈的反差。他们喜欢选择音乐、艺术、文学、戏剧等方面的职业，这类人感情极丰富但无组织纪律。具有这种性向的人会被吸引从事那些包含大量自我表现、艺术创造、情感表达和个性化的职业，如艺术家、广告创意人员。

实际上，每个人不是只具有一种职业性向，而是可能为几种职业性向的混合。霍兰德认为，这几种性向越相似，则一个人在选择职业时面临的内在冲突和犹豫就越少。霍兰德用一个六角形来表示各种性向的相似性。在六边形中，越接近的两种人格相关性越强。当个体无法找到与自己人格类型完全匹配的工作，但是找到与自己人格类型比较接近的人格类型适合的工作时，个体适应的可能性会比较大。而如果个体找到的工作是与自己的人格类型相反的人格类型适合的工作，则个体适应的可能性会比较小。

2. 职业锚理论

职业锚理论（career anchor theory）是由职业生涯规划领域具有"教父"级地位的美国麻省理工学院斯隆管理学院教授、哈佛大学社会心理学博士埃德加·沙因最早在《职业锚：发现你的真正价值》（*Career anchors：Discovering your real values*）中提出来的。沙因教授通过面谈、跟踪调查、公司调查、人才测评、问卷等多种方式对斯隆管理学院的44名MBA毕业生进行了12年的职业生涯研究，经过分析总结，提出了职业锚理论。

所谓职业锚是职业生涯主线或主导价值取向，也就是当一个人不得不做出选择的时候，无论如何都不会放弃的原则性的东西，是人们职业选择和发展所围绕的中心。职业锚是个人经过持续不断地探索确定的长期职业定位。一个人的职业锚由三个组成部分：自己认识到的才干和能力、自我动机和需要、态度和价值观。

沙因将职业锚分为八类，分别是技术/职能型职业锚、管理型职业锚、自主/独立型职业锚、安全/稳定型职业锚、创造/创业型职业锚、服务/奉献型职业锚、挑战型职业锚、生活型职业锚。

（1）技术/职能型职业锚

拥有技术/职能型职业锚的人希望过着"专家式"的生活。他们工作的动机来自有机会实践自己的技术才能，并乐于享受作为某方面专家带来的满足感。拥有这种职业锚的人从事的是在某一个专门领域中富有一定挑战性的工作。在薪酬补贴方面，这类人更看重外在平等，他们希望组织能够按照受教育背景和工作经验确定技术等级并得到相应报酬，他的同行中具有同等技术水平者的收入是他们的参照系。他们惧怕公司提供给他们类似于股票收益的"金手铐"，因为金手铐意味着他们很可能陷入一份缺乏挑战的工作。在晋升方面，这类人更看重技术或专业水平，而不是职位的晋升。对他们，往往不需要用等级晋升来激励，而应该考虑通过拓宽工作范围，给予更多的资源和更大的责任，更多的经费、技术、下属等支持，或通过委员会和专家组等方式参与高层决策。对他们的认可有三种：一是他们看中的是同行专业人士的认可，而不是管理者的表扬。在他们眼里，管理者不可能真正理解他们的工作价值，甚至来自了解工作过程和工作成果的下属的认可，都会比管理者的认可让他们更为欣慰。二是获得专业领域继续学习和发展的机会，他们惧怕落伍，接受培训的机会、组织赞助的休假、鼓励参加专业性会议、提供购买资料和设备的经费等方式，对他们而言都是非常有价值的认可。三是作为专家被接纳为其他团体和组织的成员，以及来自社会的或者专业团体的奖励，都是他们喜欢的认可方式。

（2）管理型职业锚

拥有管理型职业锚的人具有成为管理人员的强烈愿望，并将此看成职业进步的标准。他们把专业看作陷阱，当然，这不等于他们不明白掌握专业领域知识的必要性，不过，他们更认可组织领导的重要性，掌握专业技术不过是通向管理岗位的阶梯。与专家职业锚相比，管理职业锚更喜欢不确定性的挑战，而专家职业锚要千方百计消除不确定性。他们从事的是综合性的领导工作，对组织成功越重要的工作，对他们越有吸引力。这种人对薪酬补贴的态度不同于技术/职能型职业锚的人，他们倾向于纵向比较，只要他们的工资在整个组织中比他们的下属高，他们就满足了，他们不会横向比较同行的工作。他们对组织中的"金手铐"很热衷，股票期权等代表所有者和股东权益的奖励方式对他们来说非常具有吸引力。他们的工作晋升基于个人的贡献、可量化的绩效和工作成就，他们认为达到目标的能力才是关键的晋升标准。对他们来说，最好的认可方式是提升到具有更大管理责任的职位上。他们希望得到上级主管的认可，同样，金钱形式的认可对他们来说也是重要的，他们喜欢加薪、奖励、股票期权，喜欢头衔和地位象征物（大办公室、象征地位的小车、某种特权等）。

（3）自主/独立型职业锚

自主/独立型职业锚的人追求自主和独立，不愿意接受别人的约束，也不愿意受程序、工作时间、着装方式以及在任何组织中都不可避免的标准规范的制约。即使面对职业选择时，他们也会为了保住自主权而权衡工作的利弊。他们注重培养自力更生、对自己高度负责的态度。他们倾向于专业领域内职责描述清晰、时间明确的工作。他们可以接受组织强加的目标，但希望独立完成工作。如果他们热爱商业，多会选择不受公司约束的咨询服务和培训工作；即便在公司里，他们也会倾向于选择独立性较强的部门或者岗位。他们最明显的特点是，不能忍受别人的指指点点，也不愿接受规范性约束。这种人喜欢的薪酬补贴方式是便捷的自选式收益，不在乎与别人的比较，倾向于接受基于工作绩效并能及时付清的工资和奖金。他们惧怕"金手铐"的约束。他们期望的工作晋升是那种能够获得更多自主的方式，任命他们更高职务而减少自主权，反而会让他们感到窝火或者憋气。对他们的认可方式是直接的表扬或认可，勋章、证书、推荐信、奖品等奖励方式，对他们比晋升、加衔、金钱更有吸引力。

（4）安全/稳定型职业锚

这种类型的人选择职业最基本、最重要的需求是安全与稳定。通常，只要有条件，他们就会选择提供终身雇用、从不辞退员工、有良好退休金计划和福利体系、看上去强大可靠的公司，他们喜欢组织的"金手铐"，希望自己的职业跟随组织的发展而发展，只要获得了安全感，他们就会有满足感。相比工作本身，他们更看重工作内容。他们愿意从事安全、稳定、可预见的工作。所以，政府机关和类似单位，以及能够提供终身职务的大学，是他们的首选。这种人适合直接加薪、改善收益状况的激励方式。对于薪酬补贴，只要按部就班、有基于工作年限、可预见的稳定增长就可以。他们喜欢基于过去资历的晋升方式，乐于见到明确晋升周期的公开等级系统。他们希望组织能够认可他们的忠诚，而且相信忠诚可以给组织带来绩效。

（5）创造/创业型职业锚

对创造/创业型职业锚的人来说，最重要的是建立或设计某种完全属于自己的东西。他们有强烈的冲动向别人证明这一点，这种人通过自己的努力创建新的企业、产品或服务，以企业或者产品打上自己的名号而自豪。当在经济上获得成功后，赚钱便成为他们衡量成功的标准。这种类型就是从萨伊到熊彼特再到明茨伯格所说的企业家角色。自主/独立型职业锚的人也会发展自己的生意，也要创业，但是他们发展自己的生意是源于表现和扩大自主性的需要，而创造型职业锚的人在创业的初期阶段，会毫不犹豫地牺牲自己的自由和稳定以达到生意的成功。他们的工作类型在于不断地接受新挑战，不断创新。他们着迷于实现创造的需求，容易对过去的事情感到厌烦。在薪酬补贴方面，他们看中的是所有权，通常他们并不为自己支付很多工资，但是他们会控制自己公司的股票，如果他们开发出新产品，他们会希望拥有专利权。对于工作晋升，他们希望职业能够允许他们去做自己想做的事，有一定的权力和自由去扮演满足自己不断进行创新变化需求的任何角色。创造财富、创建企业、开发事业，就是对他们的认可方式。他们积累财富，只是用来向他人展示和证明自己的成功。

（6）服务/奉献型职业锚

服务/奉献型职业锚的人希望能够体现个人价值观，他们关注工作带来的价值，而不在意是否能发挥自己的能力。他们希望能够以自己的价值观影响雇用他们的组织或社会，只要显示出世界因为他们的努力而更美好，就实现了他们的价值。这种人的供职机构既有志愿者组织和各种公共组织，也有顾客导向的企业组织。至于薪酬补贴，他们希望得到基于贡献的、公平的、方式简单的薪酬。钱并不是他们追求的根本。对于他们，晋升和激励不在于钱，而在于认可他们的贡献，给他们更多的权力和自由来体现自己的价值。他们需要得到来自同事以及上司的认可和支持，并与他们共享自己的核心价值。

（7）挑战型职业锚

这类人认为他们可以征服任何事情或任何人，在他们眼里，成功就是"克服不可能超越的障碍，解决不可能解决的问题，战胜更为强硬的对手"，所谓"更高、更快、更强"，最对这种人的胃口。他们的挑战领域不局限于某一方面，而是所有可以挑战的领域。前面各种类型的职业锚也存在挑战，但那种挑战是有领域有边界的。而挑战型职业锚是不断挑战自我，呼唤自己去解决一个比一个困难的任务。对他们来说，挑战自我、超越自我的机会比工作领域、受雇用的公司、薪酬体系、晋升体系、认可方式都重要。如果他们缺乏挑战机会，就失去了工作的动力。这种人会看不起与他价值观不同的人，并不断给阻碍他挑战的人制造麻烦。这种人为竞争而生，没有竞争的世界会使他们失望。

（8）生活型职业锚

这类人似乎没有职业锚，他们不追求事业的成功，而是需要寻求合适的方式整合职业的需要、家庭的需要和个人的需要。所以，他们最看重弹性和灵活性。他们会为了工作的弹性和灵活性选择职业，这些选择包括在家庭条件允许的情况下出差，在生活需要的时候做非全职工作、在家办公等。

沙因认为，他概括出的这八种职业锚已经可以涵盖绝大部分人的事业追求。一个人只能拥有一种职业锚。个人的内心渴望和追求可能是多种多样的，但总会有一个才能、动机和价值观的组合排序，职业锚就处于这种组合排序中最优先的位置。如果一个人的职业锚不清晰，只能说是由于他不具备足够的社会生活经验来判断他最需要什么。必须注意的是，人的工作职业、岗位可以多次变化转换，但是职业锚是稳定不变的，这由沙因的调查资料可以证实。出于组织职位设计的原因，相当多的人从事的职业很难与职业锚实现完全匹配，这时个人的潜能就难以充分发挥。不匹配的程度越高，个人能力发挥的余地就越小，工作中得到的愉悦就越少，这不等于个人不努力，恰恰相反，他有可能付出了更大的努力。

在现代社会，个人与组织的发展并不矛盾，作为个人，需要不断地进行自我探索，确认自己的职业锚，并将自己的认识与组织进行沟通。尽管实现职业锚与职业匹配的责任在组织，但别指望组织能充分了解个人的内心隐秘。组织需要建立起灵活的职业发展路径、多样化的激励体系和薪酬体系，以满足同一工作领域中不同职业锚的需求。组织管理者也要清楚，即便是同一性质的岗位，可能会有不同的职业锚停泊。例如，同样是产品研发岗位，可能会有技术型、管理型、创造型、挑战型等职业锚的完全匹配。单个企业，由于业务、规模、技术等限制，不可能实现职业锚的完全匹配，这就需要政府和公共组织充当减压阀和缓冲器，提供寻找更好匹配的通道。职业锚的本质是实现个人与组织的相得益彰，化解个人与组织的冲突，把实现组织目标和自我实现融为一体。

## （二）职业发展理论

### 1. 萨帕的职业生涯阶段理论

唐纳德·萨帕（Donakl Super）是美国职业生涯研究领域的一位里程碑式的大师，他提出了职业发展理论，这一理论得到大多数职业生涯研究学者的认可，成为职业生涯研究领域的重要理论。他的职业发展理论，是围绕着职业生涯不同时期而进行的，萨帕将职业发展时期分为五个不同的阶段。

（1）成长阶段（0~14岁）

成长阶段属于认知阶段，个人在这一阶段，自我概念发展成熟起来。初期时，个人欲望和空想起支配作用，其后对社会现实产生注意和兴趣，个人的能力与趣味则是次要的。成长阶段又可分为空想期、兴趣期和能力期三个小的阶段。空想期主要是儿童时期，这时职业的概念尚未形成，对于职业只是根据周围人的职业情况和一些故事中的人物，空想将来要做某某职业；兴趣期主要是小学阶段，对于职业主要依据个人的兴趣，并不考虑自身的能力和社会的需要，带有理想主义色彩；能力期主要是进入了初中阶段，对于职业不仅从兴趣出发，同时注意到能力在职业生涯中的重要性，开始注重培养自己某方面的能力，以便为将来的职业做准备。

（2）探索阶段（15~24岁）

探索阶段属于学习打基础阶段，个人在学校生活与闲暇活动中研究自我，并进行职业上的探索，对自己的能力和天资进行现实性评价，并根据未来职业选择做出相应的教育决策，完成择业及最初就业。探索阶段是人生道路上非常重要的转变时期，它可以分为试验期、过渡期和试行期。试验期是从15岁至17岁，这一时期个人在空想、议论和学业中开始全面考虑欲望、兴趣、能力、价值观、雇用机会等，做出暂时性的选择；过渡期是从18岁到21岁，这是个人接受专门教育训练和进入劳动力市场开始正式选择的时期，这时个人着重考虑现实，在现实和环境中寻求"自我"的实现；试行期是从22岁到24岁，这个时期进入似乎适合自己的职业，并想把它当作终生职业。

（3）确立阶段（25~44 岁）

确立阶段属于选择和安置阶段，进入职业以后的人发现真正适合自己的领域，并努力试图使其成为自己的永久职业并谋求发展，这一阶段一般是大多数人职业生涯周期的核心部分。这一阶段又可分为尝试期和稳定期。尝试期是确立阶段的初期，有些人在岗位上"试验"，若不合适就改为其他职业，目前很多大学生刚工作就不断地"跳槽"，就是他们在不断地"尝试"寻找自己的最合适的职业；稳定期是经过工作岗位上的"试验"，人们最终找到适合自己的岗位，以后人们就在某种职业岗位上稳定下来，致力于实现职业目标，是富有创造性的时期。

（4）维持阶段（45~64 岁）

维持阶段属于升迁阶段。在这一阶段个体长时间在某一职业工作，在该领域已有一席之地，一般达到常言所说的"功成名就"的境地，已不再考虑变换职业，只力求保住这一位置，维持已取得的成就和社会地位，重点是维持家庭和工作的和谐关系，传承工作经验，寻求接替人选。

（5）衰退阶段（65 岁以上）

衰退阶段属于退休阶段。由于健康状况和工作能力逐步衰退，即将退出工作领域结束职业生涯。因此，这一阶段要学会接受权力和责任的减少，学习接受一种新的角色，适应退休后的生活，以减缓身心的衰退，维持生命力。

萨柏以年龄为依据，对职业生涯阶段进行了划分，但现实中职业生涯是个持续的过程，各阶段的时间并没有明确的界限，其经历时间的长短常因个人条件的差异及外在环境的不同而有所不同，有长有短、有快有慢，有时还可能出现反复。

2. 施恩的职业生涯阶段理论

美国著名的心理学家和职业管理学家施恩教授，根据人生命周期的特点及其在不同年龄阶段面临的问题和职业工作主要任务，将职业生涯分为九个阶段（见表 3-1）[①]。

---

① 吕菊芳. 人力资源管理 [M]. 武汉：武汉大学出版社，2018：206-207.

表 3-1 施恩的职业生涯九阶段理论

| 阶段 | 角色 | 主要任务 |
|---|---|---|
| 成长和幻想探索阶段<br>（0~21 岁） | 学生、职业工作者的候选人和申请者 | ①发展和发现自己的需要、兴趣、能力和才干，为进行实际的职业选择打好基础；<br>②学习职业方面的知识，寻找现实的角色模式，获取丰富信息，发展和发现自己的价值观、动机和抱负，做出合理的受教育决策，将幼年的职业幻想变为可操作的现实；<br>③接受教育和培训，开发工作领域中所需要的基本习惯和技能 |
| 进入工作世界<br>（16~25 岁） | 应聘者、新学员 | ①进入职业生涯，学会寻找、评估、申请选择一项工作；<br>②个人和雇主之间订立正式可行的契约，个人成为一个组织或一种职业的成员 |
| 基础培训<br>（16~25 岁） | 新手 | ①了解、熟悉组织，接受组织文化，融入工作群体，学会与人相处；<br>②适应日常的操作程序，承担工作，尽快取得组织成员资格 |
| 早期职业的正式成员资格<br>（17~30 岁） | 取得组织正式成员资格 | ①承担责任，成功地完成工作分配有关的任务；<br>②发展和展示自己的技能和专长，为提升或进入其他领域的横向职业成长打基础；<br>③根据自身才干和价值观，根据组织中的机会和约束，重估当初追求的职业，决定是否留在这个组织或职业中，或者在自己的需要、组织约束和机会之间寻找一种更好的平衡 |
| 职业中期<br>（25 岁以上） | 正式成员、终生成员、管理者 | ①选定一项专业或进入管理部门；<br>②保持技术竞争力，在自己选择的专业或管理领域内继续学习，力争成为一名专家或职业能手；<br>③承担较大责任，确立自己的地位，开发个人的长期职业计划 |

| 阶段 | 角色 | 主要任务 |
|------|------|----------|
| 职业中期危险阶段（35~45岁） | 正式成员、终生成员、管理者 | ①现实地评估自己的进步、职业抱负及个人前途；②就接受现状或者争取看得见的前途做出具体选择；③与他人建立良好关系 |
| 职业后期40岁到退休 | 骨干成员、管理者、贡献者 | ①成为一名良师，学会发挥影响，指导、指挥别人，对他人承担责任；②扩大、发展、深化技能、提高才干，以担负更大范围、更重大的责任；③职业生涯如果停滞，则要正视和接受自己影响力和挑战能力的下降 |
| 衰退和离职阶段（40岁到退休） | — | ①学会接受权力、责任、地位的下降；②面对竞争力和进取心下降，要学会接受和发展新的角色；③评估自己的职业生涯，着手退休 |
| 退休 | — | ①保持一种认同感，适应角色、生活方式和生活标准的急剧变化；②保持一种自我价值观，运用自己积累的经验和智慧，以各种资源角色，对他人进行传帮带 |

需要指出的是，施恩虽然基本依照年龄增大顺序划分职业发展阶段，但并未囿于此，其阶段划分更多地根据职业状态、任务、职业行为的重要性。正如施恩教授划分职业周期阶段是依据职业状态和职业行为和发展过程的重要性，又因为每人经历某一职业阶段的年龄有别，所以他只给出了大致的年龄跨度，为在职业阶段上所示的年龄有所交叉。

## 三、职业生涯发展的阶梯规划

职业生涯发展阶梯是组织内部员工职业晋升和职业发展的路径。组织必须有完善的职业生涯发展阶梯方案，以便对组织的职业发展阶梯进行很好的管理。所谓职业发展阶梯规划是组织为内部员工设计的成长、晋升管理方案，主要涉及职业生涯发展阶梯结构、职业生涯阶梯模式和设计等几部分内容。

## （一）职业生涯发展阶梯结构分析

职业生涯发展阶梯的结构可以从以下三方面来考虑。

一是职业生涯阶梯的宽度。职业生涯阶梯的宽度是员工可以晋升的部门或职位的范围。根据组织的类型和工作的类型，职业生涯阶梯的宽度会有不同。宽阶梯的工作对员工的综合能力和综合素质要求较高，而窄阶梯的工作对员工的专业技能和专业经验的要求较高，一般而言，纯技术类岗位的宽度相对于管理类岗位的晋升宽度略窄。

二是职业生涯阶梯的速度。职业生涯阶梯的速度是员工晋升时间的长短，它决定了员工晋升的快慢。根据员工能力和业绩的不同，也会有快慢的区别，但不管是正常晋升还是破格提升，都应该有政策依据。

三是职业生涯阶梯的高度。职业生涯阶梯的高度是员工晋升所需时间的长短，它决定了员工在组织中可能晋升的高度，对于员工的发展和潜能的发挥有重要影响。

科学、清晰的职业生涯阶梯设置可以满足员工长期职业生涯发展的需求，也能够满足组织高层次工作清晰化、专业化的需求。另外，有明确的职业生涯阶梯设置，对优秀的员工来说也是一种吸引力，因为他们有比较明确的职业发展通道和清晰的晋升感。

## （二）职业生涯阶梯模式

职业生涯阶梯模式是组织为员工提供的职业发展路径和发展通道，是员工在组织中从一个特定职位到下一个特定职位发展的一条路径，它直接决定了员工的职业发展方向。目前常见的职业生涯阶梯模式有传统模式、横向模式、网状模式和双重模式。

### 1. 职业生涯阶梯的传统模式

传统模式是单纯纵向的发展模式，这种模式将员工的发展限制在一个职能部门或一个单位内，通常由员工在组织中的工作年限决定员工职业地位。我国的公务员职称序列就是这样一种职业生涯阶梯模式。该模式最大的优点是清晰、明确，员工知道自己未来的发展方向。但它的缺陷在于过于单一，激励性不大，很多单位中员工只要熬年头就可以晋升。另外，它基于组织对过去员工的需求而设计，而没有考虑环境、战略等的变化。

### 2. 职业生涯阶梯的横向模式

横向模式是指员工可以向其他职能领域调动、轮岗，横向模式可能短时期看来并没有职位上的上升，但是它使员工迎接新的挑战，可以拓宽员工的发展机会，尤其对处于职业中期的员工来说，这是一条行之有效的职业发展路径。

### 3. 职业生涯阶梯的网状模式

网状模式是纵向模式和横向模式相结合的交叉模式。这一模式承认在某些层次上的工作经验具有可替换性，而且比较重视员工的综合素质和能力。这种模式相比前两种模式拓宽了职业发展路径，减少了职业路径堵塞的可能性。但是对员工来说，可能会有职业发展不清晰的感觉。

### 4. 职业生涯阶梯的双重模式

目前在组织中使用最多的还是双重发展模式，这种模式存在两种职业生涯路线：管理路线和技术路线。沿着管理路线发展，员工可以晋升到比较高层的管理职位，而对于某些不愿意从事管理工作，但技术突出的员工，则可以走技术路线，公司可以根据员工在技术上的水平和对公司的贡献，而在薪酬和职位名称上给予奖励，如专家称号之类。两个路线同一等级的管理人员和技术人员在地位上是平等的。

## （三）职业生涯阶梯设计

组织职业生涯阶梯规划关系着组织内部每名员工的切身利益，对组织来说，具有牵一发而动全身的作用，所以如何更好地设计组织职业生涯阶梯已成为当前人力资源管理的一项重要工作。在设计职业生涯阶梯的时候需要注意以下几方面。

第一，以职业锚为依据设置职业生涯阶梯。根据职业锚理论，一共存在八种职业锚类型，组织可以对内部员工的工作类型进行分类，设计适合本组织的多重职业发展通道，不同职业通道的层级之间在报酬、地位、称谓等方面具有某种对应关系，这样就可以让每名员工都能找到适合自己的职业通道。

第二，职业生涯阶梯的设置应该与组织的考评、晋升激励制度紧密结合。员工的行政、技术级别应能上能下，连续考评不合格者应该降级处理。技术等级应严格与薪酬挂钩，包括组织内部的各项福利甚至股权。另外，对于技术岗位上的晋升要严格考察，以避免出现"彼得高地"，即技术水平高的员工晋升到管理岗位后并不能胜任的情况。

第三，职业生涯阶梯应该与组织的情况相适应。关于职业生涯阶梯的宽度、高度和速度，企业都应该依据自身的情况制定一整套的规章制度。如销售类企业，应重视对员工业绩的肯定，所以在阶梯的宽度、高度和速度上都可以侧重于业绩和能力；而高科技类公司，则应该注重技术能力、创新能力。

## 四、不同阶段的职业生涯管理

每个人的职业生涯历程都可以划分为不同的阶段，与此类似，员工在组织中的工作历程也可以划分为不同的阶段，每个阶段都有一些共同特点。企业可以依据这些特点，对员工进行分阶段的职业生涯管理。我们可以将一名员工在组织中的历程分为初进组织阶段、职业生涯初期、职业生涯中期、职业生涯后期。

## （一）初进组织阶段

员工新加入一个组织，在各方面都处于不适应的阶段。这个时期，新员工会经过三个阶段来完成社会化的过程，即前期社会化、碰撞、改变与习得。

在前期社会化阶段，新员工会根据在招聘录用时所得到的信息以及其他各种工作、组织有关的消息来源收集信息，在这些信息的基础上，初步形成自己的期望和判断。员工与企业之间的心理契约也从这个时候开始建立。在碰撞阶段，员工会发现自己的期望和现实之间存在一定的差距，对任务角色、人际关系等都处于试探和适应的阶段。如果之前的期望过高，现在得不到满足，新员工甚至可能产生离职的想法。如果能坚持下来，那么在改变与习得阶段，新员工逐渐开始掌握工作要求，慢慢适应新的环境和同事关系，一切开始步入正轨。

针对新员工在这个时期会出现的一系列想法、感受，从组织的角度，可以采取一些策略帮助员工更好、更快地融入组织。一是帮助新员工准确认识自己，制订初步的职业生涯发展规划。二是提供系统的入职培训。入职培训主要包括两方面的内容，即对未来工作的介绍和对企业文化和规章制度的宣传，通过入职培训让新员工尽快熟悉企业、适应环境和形势，减少碰撞所带来的负面影响。三是为新员工提供职业咨询和帮助。公司可以为每位新员工配备一名有经验的老员工做导师，向新员工提供指导、训练、忠告等，指导新员工更快地了解组织，更好地工作。帮助员工寻找早期职业困境产生的原因及解决办法。早期职业困境的主要原因可能是早期期望过高、工作比较枯燥、人际关系不够融洽等，公司可以针对这些原因做出改善：为员工提供真实工作预览，以消除不现实的期望；工作扩大化、工作丰富化以增加工作的挑战性；帮助员工改善人际沟通的技能等。

## （二）职业生涯初期

在成功渡过早期的碰撞，适应公司的文化和工作任务之后，员工便进入了职业生涯初期。在这个阶段，员工更关注自己在组织中的成长、发展和晋升，他们开始慢慢寻求更大的职责与权力，设定他们的职业目标，调整自己的职业生涯规划，渴望在职场中获得成功。针对这一情况，公司应准确把握员工这个时期的特点，为他们提供培训机会，帮助调整并实现员工的职业生涯规划，关注他们的发展意愿和发展方向，适时提供机会和平台促成员工的成长。

具体来说，企业应该：建立员工职业档案，详细掌握员工学历、培训经验、工作经历、工作成果、绩效评价信息、他人反馈信息、未来发展目标等各种与员工职业发展有关的信息；建立主管和员工的适时沟通制度或员工的个人申报制度，通过沟通制度或员工的自行申报，了解员工的工作心情和感受、对担任职务的希望、对公司的要求、未来的发展意愿等，避免公司为员工制订的职业发展规划与员工意愿相左的情况出现。

## （三）职业生涯中期

这一时期，员工经过前两个阶段的发展和适应已经逐步明确了自己在组织中的职业目标。确定对企业的长期贡献区，积累了丰富的工作经验，开始走向职业发展的顶峰。但与此同时，也会意识到职业机会会随着年龄的增长而受到限制，产生职业危机感；同时家庭负担也会在这一阶段凸显出来，如何平衡工作家庭也成为这个阶段员工面临的一项新挑战。

针对这些情况，组织上可以：一是用满足员工心理成就感的方式来代替晋升实现激励效果，在员工无法继续在职位上得到晋升的情况下，组织可以利用其他方式激励员工的成就感，如提供培训机会、表彰成绩、物质奖励等；二是安排员工进行职业轮换，当员工在纵向的职业发展上遇到瓶颈时，可以适当拓展员工发展领域，从事其他职能领域的工作，能够帮助员工找到工作兴趣和新的发展机会；三是扩大现有的工作内容，在员工现有的工作中增加更多的挑战性项目或更多的责任，如让员工适当承担团队管理职责等；四是为员工提供接受正规教育的机会，步入稳定期的员工很可能在职业发展上也面临瓶颈，这时企业可以为员工提供一系列的培训与开发机会，如让员工在不耽误正常工作的情况下，接受正规教育。这样可以挖掘员工的潜能，提高员工的素养和能力，从而可以继续职业生涯的发展。通过这些实践，组织可以有步骤地帮助处于职业高原期的员工积极应对这种不利局面，对工作始终保持热情和兴趣，继续职业生涯的发展和上升。

## （四）职业生涯后期

这个阶段是员工在组织中的最后阶段，员工开始步入退休阶段。经过前几个阶段的努力和奋斗，很多员工在职业上获得了一定的成就和地位。这个时期，大多数人对成就和发展的期望减弱，希望能够维持或保留自己目前的地位和成就。当然，也有一部分人这个时候仍然保持高昂的斗志，希望能够百尺竿头更进一步。对于前一种的大多数员工，组织这个时候应帮助他们做好退休前的各项心理和工作方面的准备，顺利实现向退休生活的过渡。针对这种情况，企业可以采取以下措施。

第一，提供心理辅导。很多员工无法接受自己即将退休的现实，在心理上会产生冲击感和失落感。企业可以适时召开座谈会，进行深入沟通交流，了解员工的想法，有针对性地做好思想工作。

第二，发挥余热，让老员工培育新员工。处于退休阶段的员工都有丰富的工作经验，而且工作强度也不会太大，这时候会有足够的时间和精力来辅导、带动新员工。企业可以充分利用这一特点，为老员工安排"学徒"，让老员工指导新员工、培养接班人，既可以发挥老员工的余热，又能够帮助新员工更快适应组织。对于有特殊技能、特殊贡献、企业又缺乏的员工，调查他们的意愿，如果他们也希望继续工作，组织可以返聘，让他们继续为公司做贡献。

第三，做好退休后的计划和安排。针对大多数员工，企业应该帮助每名员工制订退休计划，尽可能使退休生活既丰富又有意义，如鼓励员工进入老年大学、发展兴趣爱好等。

# 第四章 人力资源风险管理研究

## 第一节 人力资源风险管理概述

### 一、什么是人力资源风险

#### （一）人力资源风险的含义

风险是指在某一特定环境下，在某一特定时间段内，某一事件的预期结果与实际结果的变动程度。风险通常包括了事件、概率以及所引起的后果三个部分。人力资源管理风险中的事件就是指在人力资源管理活动过程中发生错误或意外收益的具体活动。事件的确定需要建立在对本企业人力资源管理活动有充分的了解和熟悉的基础之上。人力资源管理风险的概率是指所确定的事件在实际运作过程中发生的可能性。人力资源管理风险的后果是指如果所确定的事件在实际中发生所造成的影响的大小。人力资源风险存在于人力资源管理的整个过程中：人力资源规划、工作分析、招聘、培训、绩效考核、薪酬管理、劳动关系管理等各个环节都存在着风险。

人力资源风险就是由人力资源的特殊性和对人力资源管理不善而造成用人不当，或人的作用未能有效发挥，管理不善而造成用人不当，或人的作用未能有效发挥，或人员流失给组织造成有形和无形损失的可能性危险。

#### （二）人力资源风险的特点

无论人力资源风险有多少种，一般都具备以下几个特点。

1. 客观性

现代企业正处在一个充满变革和高度不确定性的时代，每个企业在人力资源管理过程中都会遇到风险，这些风险会给企业的正常运转带来不同程度的影响，这些影响是每时每刻都客观存在的。

## 2. 动态性

能动性是人力资源区别于其他资源的本质所在。其他资源在被开发的过程中，完全处于被动的地位；人力资源则不同，它在被开发的过程中，有思维与情感，能对自身行为做出抉择，能够主动学习与自主选择，更为重要的是，人力资源能够发挥主观能动性，有目的、有意识地利用其他资源进行生产，推动社会和经济的发展。正是由于人力资源的能动性，蕴含于人力资源管理活动中的风险也就具备了动态性的特点。

## 3. 破坏性

人力资源风险是以各种形式表现出来的，不同的行业、不同的职位、不同的环境会出现不同的人力资源风险形式，尽管它们的表现各异，造成的后果却是相同的。人力资源风险造成企业非有形资产正常损耗、损害组织信誉、干扰和破坏总体战略、降低资源配置效率、阻碍组织发展、压抑创造力和削弱组织凝聚力，给企业造成的损失是巨大的。

## （三）人力资源风险的分类

### 1. 从人力资源管理全过程的角度来看

企业人力资源管理活动是由一系列连续的相互制约、相互影响的活动组成的，由此从人力资源管理全过程的角度可以将人力资源风险划分如下。

（1）用人不当的风险

调查研究显示，用人不当目前已经成为企业经营者最容易出现的问题之一。企业之间技术、资本、产品和服务的竞争日趋激烈，而所有这些竞争归根结底就是人力资源的竞争。人力资源的"能力"不足或者"能力"发挥不当，会使企业错过发展的大好时机，而关键职位上的用人不当，最终往往会把企业带入全盘皆输的悲惨境地。

（2）人才流失的风险

人才的流失给企业带来了诸多不利，尤其是企业的核心员工，包括专业的技术人员、掌握大量客户资源的销售人员和企业高层管理人员，他们是企业竞争力和核心能力的根本来源，他们的去留对企业的生存和发展有着举足轻重的影响。人才流失，不仅是显性的损失，如招聘、培训、流失前后的效率损失等，而且还体现出对留下来员工的压力、职位链的损害、丧失的机会等隐性损失。骨干人才的流失造成的损失是难以计算的。尤其是企业在向市场化迈进和发展的过程中，在产品、技术、渠道等竞争条件不断提升和发展的关键时刻，人才越来越成为企业竞争发展的核心和灵魂。企业能否进一步发展和竞争，很大程度上取决于企业是否拥有、用好和留住核心人才。

（3）激励不当的风险

人力资源管理的核心是激励。激励不当主要体现在两方面：一是激励缺位；二是激励失控。前者导致人才动力缺乏或者是经营者职务犯罪，后者造成经营激励与其业绩无关，这两点在国企中表现得非常突出。在中国的上市公司中，国家约拥有 50% 的股权，尽管国家是最大的股东，但国有制的代表人还是处于缺位状态。上市公司被管理层所控制，而管理层不一定代表股东利益，从而产生"内部人控制"的问题。他们可以不通过激励和约束，而通过其控制的董事会来实现自身的高报酬。这两种现象最终引发了同一种效应，即"劣币驱逐良币"，激励缺位和激励失控导致了激励的不公平，使大量人才资源流失，企业最终沉淀下来的是没有核心竞争力的人力资源。

（4）培训不足的风险

企业对员工的培训不足主要表现在：第一，员工技能和能力不匹配：如果员工没有得到充分的培训，他们可能无法掌握所须的技能和知识，难以胜任工作任务。这可能导致工作质量下降、效率低下以及客户投诉增加。第二，组织创新能力受限：领先的企业需要不断创新以保持竞争优势，而创新需要具备相关的技术和知识。如果员工没有接受到足够的培训，他们可能缺乏创新思维和实践的能力，从而影响组织的创新能力。第三，增加离职率和招聘成本：如果员工感觉缺乏发展机会和专业成长，他们可能会寻求其他更具有培训机会的公司。这可能导致企业的高员工流动率，增加了招聘和培训新员工的成本。第四，安全和合规风险增加：在某些行业中，员工的培训与安全和合规要求密切相关。如果员工没有接受充分的培训，他们可能不了解相关规定和安全操作的要求，从而增加了公司面临的法律风险和潜在伤害的风险。第五，战略执行能力受限：缺乏对员工进行战略性培训可能导致他们无法理解和实施公司的战略目标。这可能使公司难以达到预期的业绩和发展目标。

（5）违反法规的风险

我国先后颁布了《中华人民共和国劳动法》《违反〈中华人民共和国劳动法〉行政处罚办法》《中华人民共和国劳动合同法》以及各种社会保障方面的法律法规，这些是规范企业与劳动者之间关系的标准。企业一旦违反，不但要按照有关法律法规完全补偿劳动者的损失，而且还要按照相关比例承担罚金，更重要的是会使企业成为相关劳动监督管理部门高度关注和监控的重点，企业声望也会降低，同时也会失去市场的信誉和客户的信赖，使企业受到更大的经济损失。

（6）人力资本投资风险

企业人力资本投资风险是指企业在人力资本各类投资（如招聘引进投资、培训投资、配置投资、维持使用投资、激励约束投资等）中由于对人力资本属性认识不够、利用和引导不到位，加之各种难以或无法预料、控制的外界环境变动因素的作用而导致投资收益的不确定性或投资损失发生的可能性。

### 2. 按风险损失中人身伤害与否划分

由于人身受到伤害而对企业造成损失，如生病、突然死亡、伤残等，这类风险称作人身伤害风险，而其他风险损失不涉及对人身的伤害，称为非人身伤害风险，如人才的流失风险。

人身风险包括人的死亡、身体伤残、年老退休和失业等几种，正是这几种客观存在的人身风险造成了人们的经济损失。这种经济损失，既有人的服务价值损失即收入损失，又有因风险产生的额外支出，包括有劳动生产能力的死亡、伤残或失业而产生的额外费用支出等。死亡、伤残、年老退休和失业等人身风险的发生频率、损失程度和可预测度都各不相同。

### 3. 按造成风险损失时人力资源的动机划分

同样的风险损失可能是由不同的动机而导致的，那些以损害组织目标而实现自己目标的利己动机形成的风险称作道德风险或有意风险。还有另一种风险损失并非涉及其中的人力资源所故意造成而是其能力或工作疏忽而造成，如对一些素质要求高的职位聘任了不合格的人员便隐藏了风险，这类风险称作能力风险或无意风险。当然若招聘者已获知这些人的不合格信息而为了某种个人企图（如任人唯亲）而聘用则对招聘者而言属于道德风险或有意风险。

### 4. 按企业中的职能划分

依据人力资源风险的普遍性与企业中人力资源风险的相关性，可以依企业的职能将人力资源风险划分为管理系统中人力资源风险、技术系统中人力资源风险、财务系统中人力资源风险、生产系统中人力资源风险、营销系统中人力资源风险等，这样就可以结合这些职能特点分析这些部门人力资源风险的独特性以便制定相应的对策。

以上虽然根据不同的标准对人力资源风险进行了分类，但事实上，企业人力资源管理系统中的各类风险都是相互影响、相互妨碍和助长的，现实中很少独立存在。

## 二、人力资源风险管理的含义及工作流程

### （一）人力资源风险管理的含义

从人力资源风险管理的内容来讲，人力资源风险管理包括两大部分，即人力资源管理

风险的识别和人力资源管理风险的防范。人力资源管理风险的识别，顾名思义就是企业在人力资源管理中，对各方面可能存在风险问题进行识别的过程，以及识别过程中采用的方法。人力资源管理风险的防范，就是针对已经识别出的风险问题，提出防范的具体措施以及对这些具体措施实施过程中进行的必要监控。

从风险管理的功能方面来讲，人力资源风险管理是一种特殊的管理功能，管理的对象是企业人力资源管理的全过程和作为企业核心资源的人，通过对风险的认识、衡量、预测和分析，考虑到种种不确定性和限制性，提出供决策者决策的方案，力求以较少的成本获得较多的安全保障，或者说以相同的成本或代价获得更多的安全保障或更少的损失。这里表明：企业的人力资源风险管理是一个过程，其本身并不是一个结果而是实现结果的一种方式；人力资源风险管理是一种系统分析，通过对现实和潜在风险的认识以及分析，供领导做出风险决策；人力资源风险管理的目标在于控制和减少损失，提高企业的经济利益或社会效益。

人力资源风险的对象是企业人力资源管理的整个过程，作为一种管理活动，风险管理由一系列行为构成，一般包括风险识别、风险评价、风险防范、风险管理效果评价等。

风险识别是指在风险发生之前，人们运用各种方法系统地、连续地认识所面临的各种风险以及分析风险发生的潜在原因。风险识别是风险管理的基础。

风险评价是指在风险识别的基础上，对风险发生的概率、损失程度，结合其他因素进行全面考虑，评估发生风险的可能性及危害程度，并与公认的安全指标相比较，以衡量风险的程度，并决定是否需要采取相应措施的过程。

风险防范是有目的、有意识地通过计划、组织、控制等活动来阻止防范风险损失的发生，削弱损失发生的影响程度，以获取最大利益的过程。

风险管理效果评价是指分析、比较已实施的风险管理方法的结果与预期目标的契合程度，以此来评判管理方案的科学性、适应性和收益性。

## （二）企业人力资源风险管理的工作流程

企业人力资源管理中的风险受内因和外因影响，其管理过程比较复杂，对此必须建立一套规范程序。一般而言，对人力资源进行风险管理，可以采用以下流程进行。

第一，明确风险管理目标。人力资源管理者要从人力资源管理过程中可能出现的问题出发，根据任务要求建立人力资源风险管理的总目标。同时，还必须根据实际进行调整，建立一套完善的风险管理目标体系。

第二，分析风险成因，识别风险类型。要分析人力资源管理内部、外部环境，找出风险形成的根本原因，并以此为据划分风险的种类，为制定防范风险对策提供依据。

第三，评估风险大小。该环节主要根据企业对待风险的态度、风险的效用判断风险概率及风险强度，这两个指标可以通过一定的定量方法计算，以便做出相应的风险管理对策。

第四，制定风险管理策略，实施风险管理措施。企业经过人力资源风险评估之后，更为重要的是拿出具体的策略与措施应对风险，根据自身的实际情况采取不同的策略组合，防控结合，将风险造成的损失降到最低。

第五，运用效益原则，评估风险管理效果。可以采用效益与成本的比值来判断风险管理的效果。实施风险管理所带来的效益与所发生的实际支出的比值越大，说明风险管理的效果越好。

第六，总结提高。在风险管理的过程中，人力资源管理者要随时跟进并总结经验，以提高进一步防范和化解风险的能力和水平。

## 三、人力资源风险的成因

从人力资源管理过程的角度分析，人力资源管理的风险一方面来源于人力资源自身的特性，另一方面来源于人力资源管理过程中产生的风险。

### （一）由人力资源自身的特性而产生的风险

#### 1. 人的心理及生理的复杂性

迄今为止，关于人的相关研究并没有详细准确地揭示人的全部心理结构及运行机制。一方面，人力资源中的个体在决定自己行为时，表现出过程上的不确定性，主要表现在个体信息获取、处理、输出及反馈与主观、客观的依赖性；另一方面，表现在赫尔伯特·西蒙所指出的人的有限理性特征。有限理性假说认为，人们在进行任何有目的行为决策时，并不一定能搜寻到所有可能的方案，以及详尽的有关方案及后果的信息。这种有限理性就使人们的生产经营活动存在风险。

#### 2. 人力资源的能动性

人力资源是生产力诸要素中最为活跃并唯一具有主观能动性的因素。人力（劳动力）附着于劳动者这一活的人体之中，而人受其大脑和高级神经系统的控制，独具思维、情感、意志和个性，具有物资要素所不具备的能动性。人力资源的使用会受人的主观意愿和行为的影响，当人的主观意愿与组织的目标不一致时，就有可能造成组织目标的难以实现，并给组织带来损失。与其他有形资源不一样的是，人力资源是一种主动资源。人力资源潜在能量的发挥，取决于其载体——人的主观能动性的发挥程度，除体力、体质等生理状态外，与人的经济、政治、社会、信仰等满足程度有关，与企业文化、环境、制度特别是人力资源的管理、开发、激励等手段有直接关系。这种资源可以通过激励实现资源价值的不断增长，也可能由激励不当而导致消极价值的产生，甚至影响组织的发展。

### 3. 人力资源的动态性

人力资源本身也是一个动态发展的过程。这种动态性表现在两方面：一是人力资源素质的动态性；二是人力资源行为的动态性。人力资源的一个独特性是它的自适应性。人们可以在从事企业经营活动中学习理论知识，或向同行学习，或通过具体的工作"在工作中学"，使得人力资源的素质在时间上呈现动态特征。当员工素质与组织目标一致时，有利于组织目标的实现；当员工素质的发展与组织目标不一致时，则会阻碍组织目标的实现。由于人的特殊性和复杂性的特点，使得人并不能像机器设备资源那样严格按照规定的指令一丝不苟地执行动作，人们的行为会出于各种各样的原因而可能导致结果与预期有一定程度差异。因此即使是程序化的工作，由于有了人的参与，也隐藏了实际目标与预期目标的不一致性，尽管此类风险级别较低。而对于非程序化的工作，人的这种行为动态性便肯定会形成更大的人力资源风险。

### 4. 人力资源的流动性

人力资源的能动性和动态性又决定了人力资源的流动性，具体表现在不可"压榨性"。人力资源作为天然的个人私产，或者如巴泽尔所说的"主动资产"，它的所有者完全控制着人力资源的开发和利用。在个人产权、个人利益得不到承认和保护的时候，个人可以凭借事实上的控制权"关闭"有效利用其人力资源的通道。当今社会，企业很难拥有终身雇员，而雇员也很难"从一而终"。重新选择企业、重新选择职业的现象在西方发达国家尤为突出。这说明企业人力资源是一种流动性资源，而且，在市场经济越发达的国家，这种流动性越强。

### 5. 人力资源的时效性和不均衡性

人才资源是一种在开发、使用和配置都受到个体生命周期所限制的资源。如果不能及时加以利用，或者不适时、适当利用，就会随着其自然载体的衰老和消亡而降低和失去作用。因此，对人才资源的及时和适时开发利用，才能充分有效发挥人才资源的作用。否则，就会造成浪费。同时，作为自然人，每个个体都是平等的，但由于智力、体力、技能和知识的差异，每个人的效用是不同的，这种资源价值的分布在不同的个体中呈现出不均衡性。正是这种人力资源的时效性和不均衡性，往往容易导致用人不当、引发错误的风险。

## （二）人力资源管理过程中产生的风险

人力资源管理过程产生的风险主要是因为对人力资源管理的科学性、复杂性和系统性的认识不足，而在具体实施人力资源的工作设计与工作分析、招募、筛选、绩效管理，以及晋升、培训等各个环节中管理不当所造成可能性危害。人力资源管理过程的风险主要来自人力资源管理的复杂性、人力资源管理的系统性以及信息的不对称性。

### 1. 人力资源管理的复杂性

现代管理理论丛林代表着管理理论的复杂性、渗透性、交互性和灵活性，其本身也说明了管理是一个复杂的过程。人力资源管理作为一种管理过程自然也具有复杂性。这是因为，人力资源系统是自生秩序与创生秩序的综合集成体。人力资源管理系统是兼有组织系统特性与人造系统的全部特性。一方面，为严格劳动纪律、维持企业生产秩序，需要相对固定的规章制度和量化的考核指标，对人力资源进行直观的、简单的管理；另一方面，由于人的复杂性，又必须辅以其他模糊的、复杂的方法来调动人们的劳动积极性。企业竞争环境的变化使得企业的人力资源管理工作变得更加复杂。复杂多变的经济全球化环境，使得管理的不确定性大大增加，这些都加大了人力资源管理中的风险。

### 2. 人力资源管理的系统性

人力资源管理的系统性首先表现在系统的整体性，它是由相互依赖的若干部分组成的，但各个部分不是简单的组合，而是具有统一性和整体性的，在实际运行中只有充分注意各组成部分或各层次的协调和连接，才能提高其有序性和整体的运行效果。其次，人力资源管理的系统性还表现在目标的系统性，即组织目标和员工个人目标的有机结合。现代人力资源管理最突出的特点在于，它并不仅关注如何根据组织目标来使用人，而是把组织的整体目标与组织员工的个人目标结合起来，实现组织整体和组织员工的共同发展。它强调相互依赖和开发利用两个原则。此外，组织的人力资源管理的系统性还表现在对外部环境的适应性和自身的动态性。人力资源管理外界环境的变化会引起人力资源管理系统特性的改变，相应地引起系统内各部分相互关系和功能的变化。为了保持和恢复系统原有特性及不断发展的潜力，系统必须具有对环境的适应能力。

### 3. 信息不对称性

对称信息是指每一个参与人对其他所有参与人的特征、战略空间及支付函数有准确的知识，各方所拥有的个人信息都成为所有参与人的"共同知识"。由于信息的不对称，员工的行为具有非可测性，很难准确测度工作人员的行为，加上人力资本的产权特性，就构成了人力资源管理风险的原因。工作人员靠他们自身的人力资源取得收益。其利己动机或者称为投机动机是普遍存在的，当信息的不对称存在时，这种动机就有可能行为化，从而产生一种管理者与被管理者非协作、非效率的"道德风险"。

# 第二节　人力资源风险的识别及评估

## 一、人力资源风险的识别

### （一）企业人力资源风险识别方法

企业人力资源风险识别通常建立在企业历史资料和专家系统的基础上。企业可以通过相关的历史记录对人力资源风险发生的情况、概率以及后果有一个粗略的认识。这些认识是以后风险评估的基础。资料只能代表企业以往历史，而风险管理是以未来为决策对象的。所以，风险识别还需要专家系统的支持。这里的专家不是具有高级职称的专家，而是具有相当扎实的风险管理以及相关专业领域理论知识，并通过长期风险管理实践积累了丰富经验和智慧的人员。整个人力资源风险识别过程分为以下几个步骤。

1. 收集历史资料

企业历史资料或多或少地反映出未来企业所面临的人力资源风险状况。在广泛推行风险管理的国家，保险公司、出版商以及行业学会（如美国风险和保险管理学会）都会向企业提供潜在损失一览表。而从国内目前的状况看，还没有能提供这一服务的机构，因此企业只能依靠自身来完成这项工作。例如，企业可以根据去年一年经营管理各项指标，编制人力资源潜在风险分析表。

2. 实地调查

根据历史资料分析潜在的人力资源风险还要做实地调查，调查的方式有多种，主要有访谈法、观察法、风险分析问询法、历史损失记录法等。

3. 整理资料

按照人力资源管理活动的不同目的，将人力资源风险进行分类整理，以便风险管理的后续步骤使用。

4. 专家评议

组织专家对企业人力资源风险发生的事件、概率，以及产生的影响进行判断，确认收集到的资料全面和清晰。在风险识别报告中应指出无法收集全面的资料，以便在风险评估中估算这些缺失的资料。

### 5. 出具报告

报告除了包括风险的三要素之外还应该有调查所采用的方法、缺失信息的描述等内容。出具报告应尽量客观。

总而言之，人力资源风险识别是企业人力资源风险管理的基础和起点，它的任务是辨认企业面临的人力资源风险的种类、性质及分析发生风险以后的各种结果。人力资源风险识别的意义在于如果不能准确地明辨各种风险，就会失去处理这些风险的机会，从而使得控制风险的职能得不到发挥，自然也就不能把企业人力资源风险控制在合理的、可接受的范围。还应该指出的是企业人力资源管理识别是个反复的过程，不可能一蹴而就。

## （二）人力资源管理各环节风险的识别

### 1. 员工招聘环节的风险

招聘是人力资源管理中的第一环节，也是最为基础的环节。然而在实践中，用人单位往往不太重视入职环节的相关细节，这样就容易使企业面临风险和承担不必要的赔付成本。比如，在员工录用时，用人单位没有设置相关岗位的录用条件和岗位说明书，使得在发布的招聘广告中对于"录用条件"撰写过于笼统，招用标准含糊不清。有的单位在招聘广告中还包含不应使用的、形形色色的歧视性语言，如年龄的限定、地域的限定、学历的限定、性别的限定等。在招聘审查阶段，由于某些单位的人力资源部门工作人员工作的疏忽，也会给单位带来风险或损失。如有的求职者伪造学历、资格证书、工作经历、学术成果；甚至有的求职者并未与原单位解除劳动关系，就又签新劳动合同；又或者求职者带病入职等。这些情况用人单位一定要严格资格审查，因为《中华人民共和国劳动合同法》第九十一条规定：用人单位招用与其他用人单位尚未解除或者终止劳动合同的劳动者，给其他用人单位造成损失的，应当承担连带赔偿责任。

在员工录用阶段，也应注意一些细节。例如，有的单位经过资格审查、笔试、面试后，决定录用时，为了防止员工随意跳槽，往往扣押劳动者的身份证、学历证等证件，或者要求劳动者提供担保或以其他名义向劳动者收取财物。这些做法都是违法行为，将给今后的工作带来不小的风险。

### 2. 员工培训环节的风险

培训风险可分为两部分。一部分是显性风险。由于知识经济时代，知识价值凸显，参加培训人员由于获取了特别知识和技能而流失的现象并不鲜见，如果没有约束机制，员工的这种无序流动对单位来说是"人财两空"，同时还影响其他员工的士气。另一部分是隐性风险，往往不容易意识到。实际培训中这些风险主要包括：在制订培训计划之前，对员工的需求缺乏细致全面的调查分析，致使培训针对性不强，培训效果难以保证；忽视对培训投入产出的比较，效益意识不强；大多数单位培训一段时间不进行培训效果跟踪评估，无法准确了解培训是否达到预期目标。

### 3. 薪酬管理环节的风险

薪酬是社会经济组织吸引人才、留住人才的重要手段之一。薪酬的风险属性是由薪酬的对象——预期在未来发生的劳动行为的不确定性决定的。由于雇佣双方在约定薪酬时，劳动过程还没有发生，所以双方的薪酬约定是根据各自对劳动者未来的劳动行为的预期做出的；而劳动者未来的劳动行为在劳动的类别、数量和质量等方面都具有很大的不确定性。所以，薪酬约定对双方都有一定程度的风险性。对雇主来说，如果员工在后来的实际工作中表现出的工作能力没有预期的高，或者工作中没有预期的那样积极努力，雇主可能会觉得用这样的薪酬聘用这名员工不值。对员工来说，如果实际从事的工作对能力、努力程度的要求超出自己以前的预期，他可能觉得先前约定的薪酬太低，并因此觉得不公平。

根据薪酬设计的一般理论，有效的薪酬机制的基本目标是效率、公平和合法，它需要具备四个特点：一是内部公平，指员工之间的薪酬分配要体现他们在技能、贡献等方面的差异，根据每个人提供的劳动价值公平地支付薪酬，多劳多得；二是外部公平，指参考市场的工资水平，提供有竞争力的薪酬，以吸引和留住优秀员工；三是员工公平，或对个人的激励性，即个人获得的报酬要与其付出的劳动成正比，以提高个人的工作积极性；四是薪酬管理的可操作性，即薪酬管理的标准与程序清楚、简单，容易执行。很显然，前三个特点都与公正性有关，公正性是薪酬体系中最重要的因素之一。第四个特点涉及薪酬管理方法本身的规范性以及与之相配套的绩效评估体系的规范性，同时也与薪酬管理执行人员的素质和表现有关，其中难免存在一些不确定因素。

### 4. 绩效管理环节的风险

绩效考核是人力资源管理的中心环节，调查表明，大多数单位的员工认为目前的绩效考核能充分调动其积极性，但仍有相当部分的员工认为绩效考核没有起到应有的作用，甚至存在反作用。这种反作用轻则使员工将情绪带入工作中，影响工作效率，或者散布不利于组织的流言，影响其他员工情绪，重则突然离职，导致组织的业务出现断层，影响公司正常运转。实践中部分企业之所以会出现这种不良的现象，主要归咎于以下两大方面原因。一是绩效考核模式或方法不当。现实生活中，不少企业把别的企业（尤其是绩效管理优秀的跨国公司）的绩效管理表格和绩效评估打分方法拿来，或稍做修改或原本照搬便在本企业推行。还有的企业直接从其他企业挖来一个做绩效管理的人员，然后全盘照搬，其失败的结果也是可以预见的。二是绩效考核过于形式化。现实中有的企业把绩效考核的目标和用途简单化。对他们来说，绩效考核＝打分＝发奖金，即通过绩效考核对员工的绩效打分，然后把绩效分数机械地同奖金挂钩，这样就曲解了绩效管理的目的。有的甚至连与奖金挂钩这个目的都没有做好，公司领导只不过借绩效考核"这把刀"来实现貌似公平地发放奖金的目的。所以很多人就对考核失去了信心，甚至反感，痛恨这种形式主义。

### 5. 离职管理环节的风险

"离职"是员工与组织相互脱离的环节，是双方权利义务关系即将终结的环节，是实践中容易引发劳动争议的环节。实践中，由离职所引发的风险主要集中在以下方面：首先，员工不按照劳动合同的约定，提前通知用人单位，任意扩大其辞职权的行使；其次，用人单位随意辞退员工，缺乏有力的证据；再次，工资、经济补偿金、赔偿金等方面双方意见不一致引发的问题；最后，离职后，用人单位不及时办理档案和社会保险转移等问题。

### 6. 人力资本投资风险

人力资本投资已经成为人力资源管理中的重要组成部分，这使得人力资源管理部门越来越多地在企业的经营决策和业务活动中扮演重要角色，其角色定位也由传统的控制人工成本的"成本中心"转变为增加产出的"利润中心"。企业对人力资源投资的主要内容有教育投资、培训投资、劳动力流动投资、卫生保健投资。企业培养出来的人才却出于某种原因不能充分发挥其才智，或者流失到别的企业，这对企业来说是一种极大的损失。

### 7. 外派人员风险

随着经济全球化进程的加剧，中国企业也开始了海外并购，因此就需要外派人员对海外资产进行管理。从实践中看，外派人员的管理出现了诸多的风险。例如，外派经理人水土不服、权责不明导致管理混乱、监管缺位导致股东利益受损。

### 8. 人力资源外包风险

人力资源外包指企业将非核心、过细化的传统人事管理部分或全部交给专业供应商完成，使管理者集中精力于战略性人力资源管理，降低企业运营成本和风险，提升核心竞争力。目前，人力资源外包在我国出现蓬勃发展的态势，它将人力资源部门从传统人事管理中解放出来，能将更多精力放在战略性人力资源管理上，有助于企业人力资源增值。但人力资源外包过程中难免会遇到许多风险，例如由于行业存在信息不对称，企业很难对服务商的背景、资质有准确的了解，而真实的水平往往在使用过程中才能被准确评估。此外，企业还面临着信息泄露的风险。企业在外包合作过程中必须向服务商披露大量信息，例如，企业战略、经营方案、经营指标、人员结构、人力资源管理现状、人力资源规划等，以及人力资源以外的如市场、技术等方面的信息。如何在保证服务商为外包服务的顺利开展获得足够企业信息的同时，保护企业信息安全也是外包过程中必须慎重对待的一个风险。

## 二、人力资源风险的评估

风险评估，主要是对已识别的风险进行综合分析、评估、度量风险发生的概率、对系统目标的影响和程度，并依据风险对项目目标的影响程度进行项目风险分级排序的过程。风险评估是成功实施人力资源风险管理的重要前提，它为进一步制定风险控制措施提供了重要依据。

人力资源风险评估目的是理解人力资源风险管理决策中的风险成分。有的时候，人力资源风险管理的失败并非由于未能正确识别风险，也并非因为落实处理策略，而是由处理风险的方法不当导致的。而选择处理风险的方法往往与风险评估的结果密切相关。可见，风险评估是整个人力资源风险管理中最重要的环节。

人力资源风险评估是一项极其重要和困难的工作，必须用详细充分的损失资料加以衡量，评估人力资源损失发生的概率和强度，其重要性不仅在于它使人力资源风险管理建立在科学的基础之上，而且还为选择最佳管理技术提供了科学依据。斯坦·卡普兰（Stan Kaplan）认为风险包括事件、概率、后果三个部分，即

$$R = (S, L, X)$$

其中：$R$ 为风险；$S$ 为什么地方会出错（What can happen），即事件；$L$ 为事件发生的概率（How likely is it），即概率；$X$ 为引起什么样的后果（What are the consequences），即后果。

通过进行风险成因分析就可以确定出风险事件 S，而进行风险评估就是对风险概率 L 和风险后果 X 的确定。

评估人力资源风险时，企业往往会因为环境变化太快或没有足够的历史资料，因此有必要运用定性和定量两种方法对企业人力资源风险进行评估。定性的方法就是从定性概率来判断经营过程中未来发展的性质。定量的方法就是利用企业的一些人力资源指标来揭示企业人力资源风险。总体而言，目前人力资源风险评估的方法主要有三种，分别是专家评

价法、模糊综合评价法与马尔可夫评价模型。专家评价法主要是定性方法，相对比较简单实用；另两种方法主要是定量分析，虽比较精确，但相对比较复杂，而且运用起来条件相对比较严格，需要有值得依靠的历史资料。从我国目前人力资源管理现状来看，多数企业对历史资料的保存尚不够重视，缺乏完备的历史资料。下面主要介绍专家评价法，专家评价法分绝对评价法和相对评价法。

### （一）绝对评价法

首先细分企业所存在的各种不同类型的人力资源风险，以及可能发生风险的部门，然后请风险管理专家给每个部门每类风险的大小进行打分，例如，0 表示无风险，9 表示风险最大，然后将各个分值按风险或部门加起来，再除以风险评价最大值之和，便得出某一具体风险或某一部门风险的大小。

### （二）相对评价法

在进行风险管理时，往往要确定各种不同类型风险的相对大小，即进行风险排序，但是由于绝对评价法不能很好地表达风险之间的相对关系，此时便可利用专家相对评价法。

企业人力资源风险专家评价法主要考虑了企业人力资源风险的特点和专家具备的风险管理理论知识与经验，更重要的是考虑并利用了专家在处理复杂、模糊信息方面的优势，而且使用起来也比较方便。但是专家评价法也有它的适用条件：首先是专家的选择；其次是专家的人数。人数不能过少，否则不能反映不同情况或者说不能从不同角度评价风险。人数过多，专家意见难以综合，增加了量化处理的工作量以及评价费用。

## 第三节　人力资源风险管理的防范对策

### 一、人力资源管理风险的防范策略

#### （一）风险回避策略

风险回避策略就是回避产生损失的可能性或者说消除损失产生的可能性。例如若招聘某位员工会存在各种风险，那么采取风险回避策略就是不聘用这位员工。当然企业中不可能没有人力资源，因此并不是所有人力资源风险都可以采取回避的策略，这种策略的采取与否与风险损失的大小及发生的可能性大小有关。一般发生损失大、可能性大的风险可以采取回避策略。另外回避这种人力资源风险会引入其他风险，例如企业去院校招聘大学应届毕业生是有利于灌输企业文化与价值观的，从而能使员工与企业发展的目标有效地结合。当然这也带来了员工工作经验不足的风险，但从长远来看是有利于企业发展的。

### （二）风险保护策略

风险的大小可以用损失的严重程度和损失发生的可能性来衡量。风险保护就是降低损害发生的可能性。例如，企业进行职工技能培训就可以减少员工工作中的障碍，科学合理地采取激励约束机制进行人力资源管理，提高员工对企业的忠诚度，就会减少人力资源流失的可能性等。利用合同约束也可以减小人员非正常流失的可能性。

### （三）风险减轻策略

风险减轻策略是指降低损失的严重程度。例如，对企业组织中的关键人物（广义上讲业务流程上每一个岗位的人都是企业必要的，狭义讲是对企业命运有重大影响的人，而且一时难以从人才市场获得的，如总经理、总工程师或一些业务骨干等）配备随时可以接替他们的"接班人"或"二号、三号种子"选手，一旦关键人物发生意外，企业可以在短期内很快复原，从而减小了损失程度。又如对于人力资源流失风险有些企业在合同中规定人员流出后在若干时间内不得从事与本企业竞争的业务活动等用以减少风险损失。其实就是机制化地配备"接班人"的计划。

### （四）风险自担策略

风险自担意味着可能遭受损失的企业自己承担风险发生后的损失。在没有意识到人力资源风险的企业中往往是自己被动承担了人力资源风险损失的后果。在充分认识到人力资源风险的企业中，对于员工一般的常见病或轻微工伤往往是采取风险自担策略，而对于员工重大疾病的风险往往采取疾病保险或其他策略。又如，对于人力资源流失风险，一般企业往往对一般员工（素质要求低而且极易从人力市场获取）的流失风险采取风险自担策略，而对关键人物的流失风险采取减轻、保护等策略。一般对风险损失小而且发生可能性小的人力资源风险可以采取风险自担策略。

### （五）风险转移策略

风险转移是指企业将可能遭受的人力资源风险后果转移给其他组织或个人。最典型的人力资源风险转移例子是企业通过转包将自己的某一业务转移给另一组织完成，那么这一业务中的人力资源风险便转移给了承包组织。如就将自身的某些业务转包给了其他公司，同时风险也就转移给了其他公司。

### （六）保险策略

这是众所周知的一种风险管理策略。从风险管理角度讲，它是以一种合同形式来进行风险的转移，从社会角度讲，它不仅是风险转移，而且是风险的减轻，这是保险中的科学性所确定的。企业可以结合保险的险种和自己企业人力资源风险状况选择哪些风险购买保险，例如，对于企业职工可能患的重大伤残或重大疾病可以通过购买保险来防范。这种保险策略并不一定以人力资源为唯一保险对象，也可以以与人力资源风险相关的其他物品为保险对象。

## 二、人力资源管理各环节风险的防范

一般而言，经过风险分析之后得到的有关损失发生频率和严重程度的概率结果是人力资源风险管理策略选择的基本依据。在已经识别并进行了风险评估的六类风险中，对薪酬调整风险、考核机制风险可采取风险保护策略，对离职风险可采取风险减轻策略，对人才短缺风险可采取风险转移策略，而人员结构合理性风险可采取风险自担策略。

值得注意的是，企业往往比较容易忽视对人力资源风险管理进行效果评价，即对风险处理手段的适用性和效益性进行分析、检查、修正和评价。在前期选定并执行了最佳风险控制手段之后，管理者还应对执行效果进行检查和评价，并不断修正和调整计划。因为随着时间的推移，组织所面临的社会经济环境及自身业务活动都会发生变化，这会导致原有风险因素的变化，还会产生新的风险因素。因此，必须定期评价人力资源风险处理效果，修正风险处理方案，以适应新的情况并努力达到最佳的人力资源管理效果。

### （一）员工招聘环节风险防范

首先，用人单位在招聘之前，务必做好招聘需求分析工作，着重分析空缺岗位对任职者的要求，从文化知识素质、技能素质、心理素质、身体素质等方面对任职者的入职资格条件做详细分析，制作好岗位说明书，让招聘部门根据要求去筛选适合条件的员工。在撰写招聘广告时，一定要本着合法、真实、透明的原则，在语言使用上尽量明确。用人单位招用劳动者时，应当如实告知劳动者工作内容、工作条件、工作地点、职业危害、安全生产状况、劳动报酬以及劳动者要求了解的其他情况。同时，招聘广告中不得含有歧视性语言，这些将更能获得求职者的青睐，同时也防范可能的风险，避免引起招聘广告诉讼。

其次，对于符合招聘条件的人员进行资格审查时，人力资源管理部门的工作一定要认真，防止求职者弄虚作假、蒙混过关，增加企业的人力资源成本。同时，一定要了解应聘者是否与原用人单位解除了劳动合同，还要核实求职者是否与原用人单位签订有竞业禁止合同或保密协议，用人单位可以要求求职者提供离职证明或让劳动者提供担保，证明与其他企业不存在劳动关系。只有这样，用人单位才能有效避免招用尚未与原用人单位解除劳动合同关系的求职者而承担连带的赔偿责任。

最后，在公司决定员工被录用时，一定注意一些细节操作，不要扣押劳动者身份证、学历证等来达到防止其随意跳槽的目的，因为这在无形之中已经触犯了法律。企业人力资源管理可以从员工履历表入手，了解员工的紧急电话、通信地址、身体状况等；对员工的学历证、身份证、家庭背景等信息进行审核调查；另外，可以考虑采用职业信用担保服务，并要求员工签订入职承诺书等策略来确保员工信息的真实性和可靠性。公司还应通过凝聚人、富有人情味的企业文化感染员工，通过完善的规章制度约束员工，通过合理、具有竞争性的薪酬激励保留员工，这样即便是员工要离开单位也不会产生怨恨。

## （二）员工培训环节风险防范

在这一环节中，为了避免用人单位的专业技术培训成为他人的"嫁衣"，用人单位可以依据《中华人民共和国劳动合同法》第二十二条规定："用人单位为劳动者提供专项培训费用，对其进行专业技术培训的，可以与该劳动者订立协议，约定服务期。"依据该项法律条文，公司可以与受训人员签订培训协议，并将其作为劳动合同的附件。在培训协议中明确培训的效果与要求、费用支付条件、受训后服务期限、违约补偿责任、竞业限制等，增加员工离职的成本，尽可能防止员工受训后跳槽现象的发生。培训是一种有目的的为获取组织利益的人力资本投资行为，与物质资本一样，其投资除了收益、风险也是人力资本投资的固有特征。当然，员工也是培训的投资者，员工投资的方式是以其需付出时间、精力等方式表现的。培训对员工来说，也是一种福利，员工自身素质的提高，能在劳动力市场上更具有竞争性，能够获得更高的回报。特别是公司对核心人员进行的专门培训投资的机会成本远大于投资在非专业技术培训项目中的费用。因此，公司在项目选择与人员遴选时，应做详细的计划，做到项目与人员匹配，激励与约束并用，引导参加培训的员工将个人发展与组织需要结合起来。同时，为了提升培训效果，降低培训的风险，应深入一线，真实地了解广大员工在技能、素质上的欠缺和改进需求，结合公司发展要求制定培训课题和计划，不拘形式地进行培训和再教育，结合绩效考核和激励机制，狠抓培训内容的落实和转化，才能真正促进员工素质和技能的提高。

### （三）薪酬管理环节的风险防范

为了避免薪酬中不公平现象的产生以及薪酬制度与企业发展相脱节的弊端，应优化薪酬体系，具体表现如下。

第一，加强本地区薪酬水平的调查，使本企业的薪酬水平与本地区、本行业的水平保持一致或略高于本地水平。

第二，适当提高绩效薪酬的比重，发挥薪酬的激励作用。

第三，合理规划宽幅薪酬结构，为员工预留非职位调整激励空间。

第四，合理设计岗位薪酬，充分体现重要岗位、关键岗位与普通岗位之间的差异，并确保关键重要岗位薪酬与地区、行业发展的一致性。

第五，结合区域经济环境适时升级薪酬体系，确保薪酬体系持续适应人力资源管理的要求。

### （四）绩效管理环节的风险防范

第一，对于绩效考核模式或方法不当的问题。在绩效管理中，一是要对企业的发展状况、战略和经营目标、价值观、企业文化等进行充分的诊断，才能对症下药，找到解决本企业绩效问题的良方。二要对绩效管理优秀公司的做法进行研究和消化，借鉴其适合本公司的做法，在此基础上制定自己的绩效管理办法。三是慎用外部专家。由于外部专家对公司的具体情况不甚了解，应该在与专家充分沟通的基础上利用其技术方面的优势，结合公司的实际，共同制定一个适合公司实际情况的绩效管理办法。

第二，对于绩效考核形式化的问题。首先，绩效考核的结果不仅用在发奖金上，除此之外，可用的地方还很多，比如个人职位的晋升和调配、培训、薪酬结构的调整以及绩效改进等。只有将考核结果和这些与被考核者息息相关的个人利益挂钩的时候，才能有效避免形式主义。其次，尽可能做到公开透明，消除绩效考核的神秘感。只有员工了解了绩效管理的原理、流程意义，他们才有可能真正对此重视。最后，不要光是奖优，还要罚劣。如果有大家公认的做得不好的员工，敢于惩处，充分展示绩效考核的严肃性和公正性，树立绩效管理的威信，才能形成绩效管理的良性循环。

### （五）离职管理环节的风险防范

作为离职管理中风险的防范，可以从以下几方面进行完善。

第一，在员工入职及入职后的企业培训中，要强化员工正确行使辞职权的理论素养，让员工了解合法有效的辞职应符合的条件，并可引入实践中由于员工不履行辞职的法律规定而付出代价的真实事例。同时对于一些核心员工岗位应建立适当的人才储备机制，防止这些岗位因员工的辞职而面临短时期人员匮乏的风险。

第二，用人单位在辞退员工时，一定要有合法有效的证据，切不可随意辞退员工，在现代企业管理中，这些做法将为以后劳动争议的发生埋下安全隐患。

第三，作为公司人力资源管理部门的员工，在日常的管理中一定要熟悉国家现行对于工资、经济补偿金、经济赔偿金的规定，不得克扣或无故拖欠劳动者的工资，同时符合支付经济补偿金和经济赔偿金的条件，应按照规定支付。

第四，及时办理离职手续，同时为员工出具离职证明，转移员工人事档案及社会保险关系，用人单位应当在解除或者终止劳动合同时出具解除或者终止劳动合同的证明，并在五日内为劳动者办理档案转移手续。因此，公司不得以任何理由扣留已离职员工的档案。

总之，现代企业正处在一个充满变革和高度不确定性的时代，每个企业在人力资源管理中都会遇到风险，这些风险会给企业的正常运转带来不同程度的影响。只有正确认识人力资源管理中存在的各种风险，才能在实践中及早预防，针对不同的风险制定不同的防范策略，减少风险的发生，以达到人力资本投资的效益最大化。

## （六）人力资本投资风险防范

企业在进行人力资源投资时一定要进行投资收益分析。目前，人力资本投资的定量分析还没有完全确立，但是在很多方面已经有了一些研究成果，如根据人力资本投资理论已经产生了教育经济学、卫生经济学和人力资本会计学。所以，企业在进行人力资本投资时应当做好以下工作。

第一，预测工作，包括每项投资的成本预测，预测人力资本的发展方向，同时人力资源管理者也应当做好市场调查研究，使人力资本投资行为以市场为导向，挖掘最有潜力的人力资本；人力资本投资成本核算，主要是达到用最小的投资成本获得最大的投资回报率的目的，适当的人力资本投资量应当是边际的产出现值等于追加投资的边际成本。

第二，投资后总结性分析，利用经济学的方法，进行会计核算、效益评估等，降低人力资本投资的风险。在人力资本投资的不断发展中，人力资本投资的定量分析将会不断完善并不断的规范化。

## （七）外派人员风险防范

中国企业在海外企业运营、管控方面还处于起步阶段，意味着我们必须设计出科学化、符合国际化特点的管理机制。外派人员水土不服、权责不分、损害股东利益是跨国企业鞭长莫及的风险，但优秀的公司总有一套完善的机制来应对。

### 1. 审慎选拔

外派经理人除了常规的专业水准和语言沟通能力要求外，还应关注到特殊的选拔标准。首先，要对当地政策环境具有很高的敏感性，并具有本土公关能力。并且，善于与各利益相关方建立良好有效的沟通渠道，在酿成损失前化解危机，在形成危机前消解矛盾。其次，要具有跨文化凝聚人心、管理团队的能力。海外子公司是一级独立的法人，股东利益的实现完全依赖子公司经营团队的协作努力。因此，外派人员不仅应该对文化差异有清醒的认识，更要善于将母公司的管理文化与本土文化结合起来，创造富有生命力和包容性的新企业文化，吸引不同文化背景的管理人员团结一心，创造发展的合力。

### 2. 避免混岗使用、集中管理

如果外派人员身兼驻外多重角色，可能出于个人精力有限，或对多任务重要性排序的主观认识不同，在多任务中疲于奔命、顾此失彼。对股东而言，混岗使用更不利于监督外派人员，也不利于实施过程控制，更不符合母公司的价值最大化取向。同时设立统一的部门管理并对接外派经理人，将有利于母公司在重大事项上实现精细化管理，便于建立定期的沟通机制，监督外派经理人按时述职并提交母公司有利于实时监控海外子公司的有效信息。此外，视频会议系统等信息化手段的广泛应用也将有利于降低信息不对称程度。

### 3. 设立综合激励机制

股东作为委托人，难以观察到经理人是否真的努力、是否有做出利于自己利益最大化却伤害股东利益的行为。因此，首先对于外派人员要有充足的综合激励，使其愿意赴海外工作。同时还要对外派人员给予适度的与子公司经营业绩正相关的收益权，并实行严格有效的考核后续调整。

## （八）人力资源外包风险防范

人力资源外包本质上虽然是把烦琐复杂的工作交给服务机构处理，从某种程度上减轻了企业管理者及人力资源部门的负担，但是要保证服务的效果并且规避服务过程中的风险，需要进行充分的计划、准备工作，并且要求企业管理者、人力资源部门及全体员工在外包的前、中、后期承担起相应的责任。

第一，对服务商的选择，除了价格外，应当从公司实力、客户群体、专业背景、客户口碑等方面综合了解，针对要进行外包的内容，选择专业可靠的服务商。特别是客户口碑，作为传统的信息渠道的补充非常有帮助：通过曾与服务商合作过的客户的反映，可以更加客观地了解该服务商的资质与水平。企业的项目负责人（通常是人力资源部专人负责）必须在服务机构调研、选择时考虑周全，尽量选择实力雄厚、公司历史较长、有丰富的本行业企业服务经验、在合作的内容上具有专长以及客户评价良好的服务商。在与服务商签订合同时，也要特别注意考虑来自服务商方面的风险问题，在外包项目预期效果、阶段考核、信息安全、损失赔偿等方面的条款应当明确详细。更重要的是，人力资源部要承担起对服务的监控和评估职能，要建立起服务商的评估机制，在过程中不断地进行评审、反馈和沟通。

第二，在信息安全的保障方面，人力资源部门应当与相关部门进行协作，建立起文件管理和信息安全保障机制，避免机密信息的外泄，防范企业信息外泄的风险。我国尚无一项保护人力资源外包业务的法规，目前主要依据的法律有《中华人民共和国劳动法》《中华人民共和国民法典》《中华人民共和国技术合同法》《中华人民共和国反不正当竞争法》等零星条文，企业应及时建立商业秘密管理体系，将本企业核心技术和关键信息加密，纳入法律保护范围。与外包商签订保密合同，并在协议中明确企业秘密范围及相互间权利与义务，同时对外包商中熟悉商业秘密的人员离职等做出明确规定，避免人员离职导致信息泄露时外包商推卸责任。

# 第五章 人力资源管理的信息化模式发展

## 第一节 人力资源管理信息化概述

### 一、人力资源管理信息化的含义

人力资源管理信息化，具体指将信息技术应用至企业人力资源管理工作中，通过软件与硬件的结合，作为人力资源管理信息化的基础，由此集中对人力资源系统信息库进行处理，形成"内部为员工服务、外部实现共享"的人力资源管理模式，进而达到提高人力资源管理效率、降低企业管理成本的目标。

人力资源管理信息化，可将企业人员招聘、员工培训、薪酬管理、绩效管理等传统人力资源工作与现代信息技术结合起来，实现功能与方式的集成，与企业内部终端设备的连接，从而形成完整的人力资源管理信息化平台，之后为不同的职位赋予相应的管理权限，进而实现在人力资源管理信息化平台上各司其职、相互配合、信息共享。

### 二、人力资源管理信息化的发展历程

人力资源管理的概念，最早是在1919年约翰·R. 康芒斯（John R. Commons）的著作《产业信誉》中提出的。我国是在20世纪80年代引入的人力资源管理概念。随着我国经济发展从计划经济向市场经济转变，人力资源管理也从传统的人事管理向现代人力资源管理转变。

首次提出"人力资源管理信息化"这一概念的国家是美国。人力资源管理信息化并非单指信息技术与人力资源管理的结合，随着信息技术的发展，人力资源管理信息化也经历了1.0、2.0、3.0，并处于向4.0进发的阶段。

### （一）人力资源管理信息化1.0

20世纪80年代，计算机在管理领域中普遍应用，国外一些先进软件企业开始将计算

机应用至人力资源管理领域。这一阶段计算机技术的应用主要聚焦在人力资源管理最为复杂、繁重的部分，也就是薪资管理，不仅有效降低了薪资管理的繁冗程度，也大大提高了该项工作的效率。但是，由于计算机网络并不是很普及，人力资源管理系统仍是独立、单一的软件，且涉及面仍较狭窄。

### （二）人力资源管理信息化 2.0

20 世纪 90 年代，计算机技术水平不断提升，逐步发展成熟，并出现了数据技术、网络技术，这给人力资源管理信息化系统的搭建提供了有力的技术和硬件支持。这一阶段的人力资源管理信息化系统，具有强大的功能及更为广阔的应用范围，基本囊括了人力资源管理六大模块的内容。对人力资源管理人员来说，可从繁重的基础信息处理工作解脱出来，从而有更多的时间和精力去考虑组织及员工的发展需求。但是，2.0 阶段的人力资源管理系统在数据分析和应用层面，还停留在简单的报表阶段，对人力资源数据的预警、预测、挖掘、分析等功能还未实现。

### （三）人力资源管理信息化 3.0

进入 21 世纪后，计算机和互联网技术快速发展，依托这些技术，人力资源管理信息化系统也从单一的人力资源部门的电子化软件扩展至企业各个层面的关键系统，人力资源管理信息化系统不再局限于专业人员的使用，而是发展成为面向全员的信息化工具，有效地改善了人力资源服务范围与服务质量。这一阶段的人力资源管理信息化，可实现数据挖掘、分析及多维度预警预测，这样的优势在企业经营决策中逐渐显现。

### （四）人力资源管理信息化 4.0

随着大数据时代的到来，移动互联网快速发展，大数据概念与技术逐步应用到企业人力资源管理中，进一步提升了企业人力资源管理信息化水平，为人力资源管理信息迈入 4.0 创造了条件。

## 三、企业人力资源管理信息化的意义

人力资源管理信息化从功能结构上可分为基础数据层、业务处理层和决策支持层三个层面。其中基础数据层是整个系统正常运转的基础；业务处理层是企业掌握人力资源状况，提高人力资源管理水平以及提供决策支持的主要数据来源；决策支持层则是建立在基础数据与大量业务数据组成的 HR 数据库基础之上，为组织战略服务的一层，是人力资源管理信息化的最高层次功能。人力资源管理信息化不同层次功能的有效发挥，对企业获取竞争优势至关重要，它主要表现在以下几方面。

## （一）有利于提高人力资源部门的工作效率

提高人力资源部门的工作效率是人力资源管理信息系统的最低价值目标。人力资源管理信息化包括很多组件，如工作分析、人力资源的规划、招聘、人员培训、薪酬管理、绩效考评等。人力资源部作为整个系统的核心，担任起所有人力资源管理运作环节的发起和管理职能。管理范围也从传统的正式组织扩大到非正式组织，包括团队建设、员工与顾客、员工与其他企业合作者之间的利益共同体、上层领导与下层员工为重构组织或企业再造所需的合作等，这将大大提升人力资源部门的工作效率。

## （二）有利于改善内部沟通及员工满意度

作为一种新的人力资源管理概念，人力资源管理信息化就是要通过互联网技术让 HR从管理走向服务，使得员工的管理由被动变为主动。通过人力资源管理信息化，企业可以挑选最合适的员工，上下级之间可利用人力资源管理信息化的协同功能，对工作表现做出实时的回馈，高层领导对于员工的工作状况及想法可以了如指掌，还可以利用所有实时数据，做出有效的分析，以支持长远的人力资源计划，从而把人力资源管理提升到战略性的层面。

在人力资源管理信息化各个管理流程中，员工是人力资源管理者信息的来源与依据，员工的参与也使人力资源管理者在制定管理流程中，做到"有规可依，有规可循"。极大地调动了员工的积极性，通过建立员工自助服务平台，提高组织绩效与职工满意度。

人力资源管理信息化不仅把人力资源管理者从行政人事事务中解放出来，还将工作重心放在服务员工、支持公司管理层的战略决策以及员工的集体智慧的管理上，成为 HR 决策以及其他企业决策的参考。

## （三）有利于提高企业战略决策能力

整合企业优势的构建要从实现人力资源管理信息化与内部的企业资源计划（ERP）、客户关系管理（CRM）、知识管理（KM）等系统的一体化来进行，使企业内人力资源流、信息流、资金流、物资流有机结合，而且在人力资源管理上将整合企业内外人力资源信息和资源与企业的人力资本经营相匹配，使人力资源管理者真正成为企业的战略性伙伴。

### （四）实现信息资源共享

一套系统的价值不仅在于满足现在的工作需要，同时需要考虑企业未来发展的融合性。人力资源管理信息化系统考虑到企业信息化建设的发展趋势，实现与企业其他运行管理系统的信息共享。

### （五）有效地降低管理成本

企业在实现人力资源管理信息化之后，比如在员工培训方面，员工可以在线、随时随地接受培训，从而可以节省时间，减少差旅费用，降低培训成本。

### （六）提供各种形式的自助服务

对公司高层而言，他们可以在网上查看企业人力资源的配置、重要员工的状况、人力资源管理成本的分析、员工绩效等。高层决策者还能获得各种辅助其进行决策的人力资源经营指标以及直接在网上进行决策等。对于直线经理来讲，人力资源管理信息化是其参与人力资源管理活动的工作平台，通过这个平台，直线经理可以在网上管理自己部门的员工。比如可以在授权范围内在线查看所有下属员工的人事信息，对员工的培训、休假、离职等流程进行在线审批等；一般员工可以在线查看企业规章制度、内部招聘信息、个人当月薪资及薪资历史情况、个人考勤休假情况、注册内部培训课程、提交请假/休假申请等。

### （七）有利于帮助企业留住人才

很多企业在不同程度上存在着人才流失现象，人才流失除了因为薪资因素之外，还有很多其他因素，如工作环境、领导公平与否、培训机会和个人前途等。企业实施人力资源管理信息化后，利用人力资源管理信息系统对员工进行选拔、任用，可以减少人为的主观性，体现公平原则，从而留住人才。

## 四、企业人力资源管理信息化的动因

### （一）人力资源管理信息化建设的必要性

随着知识经济的到来，组织赖以生存的外部环境和组织内在管理方式也正进行着悄无声息却又影响深远的变革。传统的以事为中心的人力资源管理已不能适应社会发展要求，面临着许多挑战。

### 1. 全球经济一体化的冲击

人力资源管理在经济一体化的过程中面对着不同的政治体制、法律规范和风俗习惯的冲击，面对着管理制度与工作价值观截然不同的组织如何沟通的问题。各子公司之间如何协调、组织结构的变革、管理制度的创新、人力资源架构和内容的变革等问题，都必须置身于全球经济一体化和文化多元化的环境下进行考虑。

### 2. 新技术、新管理理念和方法的冲击

新技术的挑战主要指计算机技术与网络技术的进步所带来的人力资源管理的挑战。组织面临着激烈的市场竞争，必然要不断提高生产效率、提高产品质量、改善服务。于是新管理理念和方法应运而生，组织只有利用好这些新技术、新管理理念和方法，才能在激烈的竞争中立于不败之地。

### 3. 成本抑制的挑战

全面质量管理与业务流程再造对于提高组织竞争力是非常重要的，尤其对现代组织中的服务和知识密集型企业来说，降低成本，尤其是劳动力成本，将直接影响人力资源政策和实践。

### 4. 变化管理的挑战

为了适应环境，组织的管理要发生一系列的变化。管理者尤其是人力资源管理者，要与员工沟通，倾听员工的呼声，放眼未来，引导员工来改变自己以适应变化。

## （二）人力资源管理信息化的必然性

人力资源管理信息化作为企业管理的现代化科学手段，其科学意义和应用前景表现在以下三方面。

第一，带有前瞻性的、全面系统的、有可操作性的企业规章制度，为企业未来的管理现代化、科学化、标准化、效益化服务；可为企业提供人力资源管理数据，使人力资源管理更加科学化、标准化。

第二，可为人力资源管理的决策活动提供快捷准确的信息。

第三，可为企业提供人力资源管理文档系统信息，把人事部门从繁重的、耗时的工作中解放出来，使企业管理真正从人事走向人力资源管理。

以上所有的这些人力资源管理的内容、方法、方式等方面的结构性变化，必然使人力资源面临新的挑战，这些挑战使人力资源管理信息化建设变得日益重要。

### 五、企业人力资源管理信息化的原则

企业人力资源信息化应该遵循一定的原则，主要有实用性、系统规划与分步实施。

#### （一）实用性

从基础数据库到业务层应用，进而到决策分析，正是在这种层层推进的分步应用中，人力资源管理信息化从最基本的提高企业工作效率，到从战略层面和整体上提升了企业的核心竞争力，其价值得以完整地体现。不同的企业管控模式决定了不同的人力资源管理信息化发展路径和策略，决定了不同的人力资源管理信息化投资—收益模型。所以，企业应该结合自身实际情况选择人力资源管理信息化系统，千万不要盲目跟风。

#### （二）系统规划、分步实施

企业人力资源信息化建设的一个重要原则是"系统规划、分步实施"。具体而言，一般分为以下三个步骤：第一步，搭起框架，建立数据库，利用人力资源管理信息化系统，可以构建起公司都能够访问的人力资源信息数据库，使公司能够更加准确地掌控整个组织的人力资源状况和人力资本的分配、使用情况；第二步，运用智能系统，提升企业人力资源管控水平，人力资源管理信息化的职能系统主要包括招聘系统、培训系统、绩效考核系统和薪酬系统等，比如现在需求比较旺盛的人力资源管理信息化绩效考核系统；第三步，为公司提供决策支持，当企业将人力资源管理信息化作为一种新型的人力资源管理思想和模型加以应用时，不仅可以为企业实施全面人力资源管理提供了一个切实可行的解决方案，还能够通过对各种人力资源数据的统计分析帮助企业进行各种科学决策。

# 第二节　人力资源管理信息化系统开发与维护

### 一、人力资源管理信息化系统功能分析

从广义上说，人力资源信息化是基于电子商务理念的所有电子化人力资源管理工作，而如今的人力资源管理信息化则以电子化人力资源管理系统（Electronic Human Resource Management System），即以 e-HR 系统作为主要的表现形式。

## （一）电子化人力资源管理系统结构

一套典型的 e-HR 系统从结构上应分为基础数据层、业务处理层和决策支持层三个层面。

### 1. 基础数据层

基础数据层包含的是变动很小的静态数据，主要有两大类：一类是员工个人属性，如姓名、性别、学历等；另一类是企业数据，如企业组织架构、职位设置、工资、管理制度等。基础数据在人力资源管理系统初始化的时候使用，是整个系统正常运转的基础。

### 2. 业务处理层

业务处理层是指对应于人力资源管理具体业务流程的系统功能，这些功能将在日常管理工作中不断产生与积累新数据，如培训数据、绩效管理数据、薪酬数据、考勤休假数据等。这些数据将成为企业掌握人力资源状况、提高人力资源管理水平以及提供决策支持的主要数据来源。

### 3. 决策支持层

决策支持层建立在基础数据与大量业务数据组成的人力资源数据库基础之上，通过对数据的统计和分析，能快速获得决策所需信息，如工资状况、员工考核情况等。这不仅能提高人力资源的管理效率，而且便于企业高层从总体上把握人力资源情况。

## （二）电子化人力资源管理的常用功能模块

完整的 e-HR 系统由几十个功能模块组成，涵盖人力资源管理体系的各个领域。这里主要介绍 e-HR 一些常用的功能模块。

### 1. 电子化人力资源规划

电子化人力资源规划可以对企业的人力资源状况进行各种调查、统计分析。根据企业的经营战略对未来的人力资源进行预测及规划，以保证人力资源能够满足当前工作及未来发展的需要。它具有以下主要功能。

收集调查对象（如本地区、本行业、竞争对手以及本单位）的人力资源状况，并进行各种对比分析，为人力资源规划和决策提供重要的参考依据。

根据组织规模的发展变化、人力资源调查状况，以及本单位的人力资源的基本状况，确定本单位的人力资源战略。

确定战略规划之后，将战略规划转化成定性和定量的人力资源规划，为实现既定的目标而对未来所需员工的数量和种类进行估算，并根据能力水平和职位要求确定所需员工的数量和类型，使组织内部和外部人员的供给与特定时期组织内部预计的空缺职位相吻合。

根据企业实际情况灵活定义人力资源成本的计算方式，对现有人力资源的成本进行不同角度的核算与分析，结合人力资源规划进行未来人力资源成本的预算。

实时监控人力资源规划的执行情况，发现异常情况做出预警提示。

### 2. 电子化招聘

电子化招聘是 e-HR 中发展最为迅速的一项功能。通过互联网的应用，能够在应聘者和用人单位两个层面分别创建自助服务系统，从而盘活整个招聘流程，协助应聘者与空缺职位的匹配，并处理这一过程中的其他环节，如应聘者测评和个人背景资料认证等。如果企业中出现了空缺职位，管理者即可在线输入职位招聘申请，同时系统会自动将其工作说明书中的任职条件、主要职责等信息从人事数据库中提取出来，以便修改和确认。职位招聘申请提交并审批过后，系统立即在网上发布招聘信息，使招募工作及时进行。如果需要，可以先直接进入 e-HR 系统的内部人才储备库挑选合适的候选人，优先录用。招聘信息在网上发布后，应聘者在网上输入的求职信息直接转入 e-HR 系统应聘者数据库，同时与招聘相关的管理工作的整个过程都会在网络上完成，包括确定候选人、面试考官、面试时间和地点、面试试题、面试评价表等，并通过网络进行互动式管理。应聘者一经录用，他们的基本资料便会从 e-HR 系统中的应聘者数据库直接转入公司员工信息库。这是一种完全数字化的招聘模式。

### 3. 电子化培训

传统的培训是让员工集中在某一地点统一接受培训。而电子化培训（e-Learning）是指一种利用计算机及其网络和其他支持性资源进行的培训方法，主要包括计算机辅助培训、网络培训、多媒体远程培训等类型。员工可以在网上查看培训课程信息，选择自己所需的培训课程，浏览自己培训的历史记录。员工报名参加培训后，相关信息通过邮件自动传送到其部门经理的手中，经理可对员工的培训申请进行审批。在线培训结束后，可通过网络获得培训效果的评价。此外，该模块的另外一个重要功能就是提供在线培训。以网络虚拟学院为平台的在线培训使得员工培训成为实时、全时的过程，企业可以将培训课程发布在网络上，供各地的员工共享，员工均可以根据自身要求选择有针对性的课程进行学习，形成员工自我学习、自我管理、自我激励的培训体系。例如，当某名员工为了更新自己的知识储备，产生了想要学习新知识的需求时，应用系统可以提供在线指导，并有可能按照个性化需求提供相应培训项目。随着系统应用的不断深入，培训也变得更加广泛和简便，而且企业用于培训的投资回报会变得更加直观和容易衡量。

### 4. 电子化绩效管理

信息技术的应用加速了绩效管理流程的发展。通过网络和软件系统，企业有能力掌握组织核心竞争力的状况，并合理地配置员工已有的知识和技能。目标管理、关键绩效指标和平衡计分卡等现代绩效管理工具的导入，与信息系统一道为企业绩效管理工作的有效开展提供了管理技术和信息技术的双重保障。电子化绩效管理为企业提供适用于不同时间、不同部门的多种管理工具，并确保绩效评价的客观公正。这主要表现为：建立目标管理体系，与员工签订目标与绩效评价计划，按职位设置不同的评价规则，灵活定义评价规则的各项指标，并设计绩效评价表；适时调整评价周期、评价主体与复核人；提供在线绩效评价功能，不仅为异地绩效评价提供了可能，使得360度绩效反馈真正成为现实，还能够减少员工和管理者大量的资料分析和整理的手工操作，提高了绩效评价的效率和准确度，支持对评价结果有异议的员工进行在线申诉，相关部门管理者及时处理并反馈处理结果；统计分析综合评价结果，并根据评价结果自动生成员工的评价成绩，进而将评价成绩传送到薪酬管理模块，用于计算相应的绩效薪酬。

### 5. 电子化薪酬管理

电子化薪酬管理可以用于管理企业薪酬福利计算的全过程，其中包括企业的薪酬福利，政策设定、自动计算个人所得税、自动计算社会保险等代扣代缴项目；可以根据公司的政策设置并计算由事假、病假、婚假、丧假等带薪假期以及迟到、早退、旷工等形成的对薪酬福利的扣减，能够设定企业的成本中心，成本中心将薪酬和总账连接起来，直接生成总账凭证，还能存储完备的历史信息供查询和生成报表；提供多种薪酬支付方式，并提供与银行系统的接口，系统内的数据及指定发薪期的数据可输出至与银行自动转账系统相容的数据文件，并把数据存储在磁盘中，方便送往银行自动转账；提供政府规定格式的各种报表，高层领导可对薪酬分布进行统计和图表浏览，同时提供完善的薪酬统计分析功能，为制定薪酬制度与调整薪酬结构提供依据；员工也可以利用系统所提供的强大功能，管理个人财务安全，新的应用系统支持员工进行个人财务状况分析和个人退休金的科学规划。

### 6. 其他模块

#### （1）人事信息管理

人事信息管理可以根据企业实际需要自定义员工档案项目，提供完善的员工档案管理功能与灵活的定位查询功能；记录员工的注册、转正、调动、职位变动、辞职、辞退、建议、沟通协作以及职位、部门改编等情况，综合统计分析生成图表，显示员工异动情况。对关键员工进行重点跟踪管理，跟踪他们从进入企业到离职全过程的历史记录，包括薪酬变动、奖惩情况、相关经历（如学习、工作、培训等），为人力资源优化配置提供依据。

（2）电子化考勤

电子化考勤提供对不同考勤机的数据导入接口，灵活定义企业规定的考勤规则，包括休假制度与上下班时间等；设置倒班、加班、节假日、公休日并灵活调整休息日，对每个部门及每名员工设置不同的考勤规则；记录员工的出勤情况，依据其上下班类型自动判断是否迟到、早退、请假、休假或旷工；为员工制订休假计划、加班计划并记录加班、请假与休假情况，提供请假与休假到期预警提示与销假功能；统计每名员工的月出勤情况并提供绩效管理系统与薪酬管理系统，自动计算和累计员工的各类假期，生成积存余额记录，并在必要时折算成工资。

（3）电子化自助服务

电子化自助服务直接面向员工和经理，使信息直接到达需要它的用户界面，所收集到的信息也变得更为准确和及时。个人用户可以不必依靠信息系统部门和人力资源部门，而通过自助服务系统实现自我管理。这些自助服务内容包括员工地址、电话、紧急联系方式等内容的变更，员工福利项目个人信息的变更和菜单式福利服务，工时记录和休假管理，员工绩效管理和发展计划，组织培训安排和工作调配等。例如，员工可在线查询个人信息（薪酬、福利累计、考勤休假情况等）和企业的公共信息（组织架构、内部招募信息等），在线申请请假、休假，注册内部培训课程，在线处理绩效评价工作等；经理在授权范围内可以在线查看所有下属员工的人事信息、出勤、合同、工资、培训情况，管理人力资源配置和成本变动情况、薪酬平衡表、组织绩效、员工绩效等重要信息。

## 二、人力资源管理信息化系统的设计

### （一）基础功能模块的设计

#### 1. 人员信息库模块

人员信息库的模块主要分为储备人员、在职人员、离职人员三个子模块。在进行人员分类管理的同时，还可以根据国家编制和组织管理原则，定义在编人员和非在编人员。辅助信息主要有既往病史、婚姻状况、家庭住址、亲属关联等。

#### 2. 组织规划模块

组织规划模块由组织架构设计、部门设计、职位设计以及结构的形成四部分内容组成。

（1）组织架构设计

组织架构设计是一个整合人力、信息和组织技术的过程，企业通过组织架构设计来加强企业内部的生产能力，以实现企业组织效率最大化。它包括组织结构的设计和组织结构走向的设计。管理人员可以通过组织架构的设计，明晰组织管理幅度和管理层次。根据企业实际情况和领导者的实际能力设定有效管理的下属人数，达到最有效的管理效果；高效明晰的管理层次，可实现最低管理成本和管理效益最大化。组织架构的设计可以根据企业的生命周期和企业业务的扩展需要进行相应的修改，在企业的创业阶段、发展阶段、成熟阶段以及低谷阶段分别设定相应的结构，为组织创造新的发展机遇。

（2）部门设计

部门设计主要包括部门编号的设置、部门职责的规定、部门编制以及各部门相互关联的设置。

（3）职位设计

职位设计模块第一项基本的操作同样是进行编码工作，然后对工作内容、职责和权力、任职资格以及与其他部门和职位的关系进行设定。所有这些信息为工作提供了充分的依据。职位设计信息可以直接用于工作分析模块，进行职位说明书的数据输出，以及满足其他模块的链接需要。设计好的内容在锁定后可以供查询使用。

（4）结构的形成

在此模块中可以完整地显示出组织的结构。组织的架构、层次、部门和岗位的设置不仅可以清晰地显示在屏幕上，本模块还可以实现将所有信息直接链接到设置模块进行修改。

## 3. 员工关系管理模块

员工关系管理模块主要包括合约分类、合约签订、薪酬通知书、岗位协议、保密协议、培训协议、医疗期管理等几个子模块。

（1）合约分类

劳动者与用人单位建立用工关系，应根据实际情况，确定合约。根据用工性质的不同，合同可分为劳动合同、劳务合同、特聘协议、其他协议。劳动合同又分为全日制的劳动合同和非全日制的劳动合同。

本模块提供的主要功能：根据劳动者与用人单位的具体情况，选择确定用工关系和签订合同的类别；根据确定的不同合同类型，系统中对入职后的人员进行分类管理，使用不同的政策法规、不同的薪酬结构、不同的考评方式等。

（2）合约签订

这一模块是进行员工关系管理的基础，是其他模块正常运行的母体。它需要完成的主要任务是：确定签订合同的人员，并根据合同的类型签订合同。操作人员可根据企业用人的实际情况，单独选择或批量导入人员信息。

（3）薪酬通知书

提供多种形式的《薪酬通知书》模块，用户也可自定义模块。

（4）岗位协议

根据系统提供的模块，用户可以在签订劳动合同的基础上，签订岗位协议。岗位协议的模板中体现了具体的岗位名称，在组织架构中的位置、任职期限、授权范围，并在任职记录中显示。

（5）保密协议

保密协议的模板中体现了具体的保密事项、解密条件、时间期限、保密范围、违约处理的方式和违约金等。

（6）培训协议

在合同期限内，培训协议可以重复填写，并逐次记录。该数据关联到员工的培训记录，并在培训记录中显示。培训协议的模板中体现了具体的培训名称、培训内容、培训费用、培训结果、约定的服务期、违约的培训赔偿金等。

（7）医疗期管理

医疗期可以随时显示员工的医疗期状态。根据员工的实际状态，自动计算员工医疗期，并可设定提示医疗期待遇等。

## 4. 政策法规库模块

政策法规库主要包括国家政策法规和企业规章制度信息库的建立、政策法规库的浏览和政策法规库的维护三个模块。这里所提的国家政策法规和企业规章制度信息库，是以人力资源管理为核心进行内容搜集的。

## 5. 工作分析模块

工作分析模块内容的设计如下。

（1）分析要素

分析要素模块是要建立工作分析与职位评价的要素库以及统一的评价标准，其内容主要包括要素的大项与权重的设定、要素的小项与标准分值的设定。

（2）岗位分析

岗位分析模块是对岗位调查结果进行深入的分析和全面的总结，对岗位的特征和要求做出全面考察，提示岗位的主要成分和关键因素。

（3）岗位评价

岗位评价模块是在岗位分析模块的基础上，按照一定的客观衡量标准，对岗位的工作任务、繁简难易程度、责任大小以及所需资格条件等方面进行的系统评估和估价。

（4）岗位关系

岗位关系模块是要确定各岗位在企业中的行政关系，如上级、下级、平级。

（5）职位说明书

职位说明书模块是指对企业各类岗位的工作性质、任务、责任、权限、工作内容和方法、工作环境和工作条件，以及本岗位人员任职资格等所做的统一要求。它包括工作职责、岗位关系、工作内容、工作权限、工作环境、工作时间、工作经验、所需知识技能、身体条件等。

## （二）业务功能模块的设计

### 1. 招聘模块

招聘模块包括空缺岗位信息、招聘计划、入职评价和招聘结果四个子模块。

（1）空缺岗位信息

空缺岗位的产生主要基于两个原因：现有岗位中出现空缺编制和应企业发展的需要新增岗位。由于员工的辞职、晋升、调动、降职、辞退等而出现现有岗位的空缺；由于企业发展运营的需要而经常会出现新的岗位，进而产生新增岗位对人员的需要。

（2）招聘计划

招聘计划是根据企业确定的人力资源规划，在进行招聘信息数据收集的基础上，通过分析与预测组织内部岗位空缺及合格员工获得的可能性，制定的关于实现员工补充的一系列工作安排。在此模块中可以自动生成招聘计划表，列出可供选择的招聘方式，分项计算招聘费用，列出需要对招聘工作予以配合的部门与人员，提供评价方式及流程等。

（3）入职评价

是将系统评价和人工评价结合起来，对应聘人员进行评价的子模块，具体包括系统评价、职业与心理测评、面试记录等方面。

（4）招聘结果

利用该模块可以进行招聘总结，并最终确定录用人选，包括招聘总结与录用通知两项基本功能。

### 2. 薪酬福利管理模块

（1）薪酬管理模块

薪酬管理模块主要包括薪酬设计、薪酬管理和薪酬查询与统计分析三大模块。

（2）福利模块

福利模块主要包括福利项目与福利管理两个模块。其中，福利项目模块包括设定福利项目、定义计算等；福利管理模块针对的是员工个人的福利管理、操作和记录。

### 3. 绩效考核模块

人力资源管理信息化系统中，考核模块作为全面实现企业绩效管理的平台，下设两大模块：一块为考核设计模块，另一块为考核管理模块。考核设计模块在使用过程中，主要体现的是企业的绩效管理方式和在实施绩效管理之前所要进行的规则设定；考核管理模块则体现了绩效管理的实施细则，是在绩效管理实施过程中针对每一步流程进行的管理。

针对企业绩效管理的信息化需求，绩效考核模块不但能满足传统管理过程中的业务需求，而且实现了业务的扩展和提升。

### 4. 培训模块

培训模块包括培训管理和员工培训记录两个子模块。

（1）培训管理

企业培训的效果取决于培训管理的水平，低水平的管理会导致培训实施效率的低下、培训工作无序，影响员工的期望和热情。培训管理模块的功能是对企业中的培训活动进行全面的控制，使培训活动有序进行。在培训管理模块的操作中，人力资源管理人员可以制订培训计划、设置培训课程、查看培训讲师的信息、控制培训费用、评估培训效果。接受培训的员工也可以查询与个人受训相关的信息，实现培训活动的全方位参与。

（2）员工培训记录

在培训活动进行的过程中和结束后，要对员工受训情况做详细的记录。这样，管理者可以从受训前后的变化中得出员工的绩效是否提高，还可以从培训记录中发现培训的缺点和不足，提高下次培训质量。员工培训记录也可以作为薪酬和绩效考核的一个重要参考数据，为员工职业生涯发展提供依据。员工培训记录模块包括培训计划、部门培训与人员培训三个部分。

## 三、人力资源信息化管理系统的选型

### （一）人力资源信息化管理系统选型的流程

#### 1. 组建 HR 系统选型项目组，确立选型目标

HR 系统是人力资源管理业务与 IT 技术的融合，在选型时需要考虑的因素很多。一般

来说，企业可以成立一个 3~5 人组成的选型项目组。成员除了 HR 部门的关键业务人员和有经验的 IT 管理人员外，还应该有企业的管理者代表参与，以加强与企业管理层的沟通，这对获得企业决策层自始至终的支持非常有益。选型项目组成立后的首要任务，是要立足企业实际，设定 HR 系统项目的建设目标。确定项目目标，需要项目组与企业高层管理者、HR 管理人员、部门经理、普通员工甚至外部用户等企业内外部与业务相关的不同角色进行充分沟通来完成。只有这样，才能确定出满足自身需要的合理目标。

### 2. 准确预估项目预算

要准确估算出整个 HR 系统的预算是比较困难的，特别是对没有选型经验的用户来说。一般来说，企业在拟定项目预算的时候可以参考 HR 系统供应商的一般报价和已经实施过 HR 系统的同行企业进行预估。另外，项目组在拟定预算的时候，除了购买系统的费用外，还要把实施费用以及相应的运行环境建设费用、软件后期维护费用等费用计入预算。

### 3. 确定项目建设模式

人力资源信息化系统是选择自行开发还是外包的模式，可以通过回答以下几个问题来确定答案：内部是否能为 e-HR 项目提供所有必需的 IT 资源；HR 部门是否有足够的精力与专业知识来完成系统分析与设计工作，并自始至终能指导 IT 部门的开发工作；与企业其他业务系统相比，IT 部门将赋予 e-HR 项目怎样的优先权；HR 部门能否得到 IT 部门及时、高质量的服务；是否有很多特殊要求导致外部供应商提供的 e-HR 系统不能通过实施配置来满足企业 70% 以上的需求。虽然有些用户已经自行开发了一些简单的人事管理系统，但外包给专业厂商是目前以及未来的主流趋势。

### 4. 选择供应商，编写 RFP

企业在供应商初选阶段可以通过网络搜索、请其他已实施 HR 系统的同行推荐等途径来初步收集供应商信息。面对众多候选供应商，用户需要将候选供应商的数量缩小到能力所及的范围之内，明确列出一系列供应商必须满足的要求，再与符合要求的供应商进行沟通。在对供应商进行初选时，选型项目组应该着手准备 RFP（需求建议书）。RFP 虽然不能确保用户能获得理想的 HR 系统解决方案，但可以帮助用户发现那些尽可能接近自身需求的系统，所以编写 RFP 是十分必要的。

### 5. 评估方案建议书

评估方案建议书是企业对收集回来的符合要求的软件供应商进一步的评估。这一阶段，企业可以让软件供应商给出更为详细的系统资料，并根据 RFP 中的关键项目进行评分，分数达到要求的可以进入系统演示阶段。用户应该掌握系统演示的主动权，对供应商系统演示效果进行评估。通过系统演示过程，用户对每一家供应商及其提供的 HR 系统解决方案有了直观认识。项目组所有成员都应该参与系统演示过程，尤其是高层管理者代表，他们深入参与非常必要，因为他们往往对最终决策起着关键作用。系统演示全部结束后，一般可保留 3~4 家供应商进入下一轮评估。

### 6. 拜访用户或软件测试

在与胜出的供应商进一步接触之前，项目组应该从这些供应商提供的用户名单中挑选并联系 2~3 家典型用户。与典型用户联系之前，项目组需要准备一系列有针对性的问题，问题可以围绕该典型用户的 HR 系统应用背景、系统功能、实施效果、系统维护与应用情况、系统对需求变化的适应性、后续服务水平以及对该供应商的综合评价等方面展开。

如果拜访用户这一环节对有些用户来说难度较大，那么进行软件测试是比较理想的替代方案。供应商按照用户预先提供的测试用例进行测试，进一步确认产品的各项性能指标，如易用性、开放性、稳定性、安全性等。

### 7. 调整方案，最后决策

通过与供应商及其用户的现场沟通，企业可以对意向比较大的供应商进一步做典型用户的评估。与 HR 系统供应商典型用户沟通完之后，项目组需要对 RFP 再次进行补充与调整，确保在前面各个环节产生的关于技术环境、系统功能、报表、系统性能、实施计划、报价以及售后服务等方面的各项议题得到充分考虑，并要求供应商在方案调整中进行答复或确认。方案调整完毕后，相信企业用户可以做最后的决策了。

## （二）人力资源信息化管理系统成功选型的关键要素

许多企业在进行人力资源管理软件选型时投入了大量的时间、资源和精力，但系统上线之后的效果没有达到预期目标，这与系统选型过程有很大关系。HR 系统的成功选型需要考虑以下关键要素：

### 1. 业务需求

用户的业务需求是系统建设的基础，是选型过程中必须始终围绕的核心。用户的需求通常包含以下内容。

现状，主要是指理清企业经营发展规划对人力资源管理的要求，明确自身组织模式、HR 业务现状、存在的问题等。

目标，主要是指结合现存问题提出信息化建设的核心目标，也就是要通过信息化手段实现管理体系的落地。目标制定一定要合理，因为合理的目标应当是务实、适用、分阶段且具有一定的前瞻性，从而既与企业现实相吻合，又能适应未来发展需要，并能够在既定的项目周期和资源限制内取得项目建设成果。

范围，主要是指系统实施的范围，包含纵向的机构层级范围和横向的职能部门涉及范围，以及人力资源管理业务模块范围。

功能，主要是指各个业务模块主要的功能需求，或者说是各个业务模块需要实现的业务内容。

集成，主要是指人力资源信息系统与其他管理信息系统的集成模式、接口关系等。

时间，主要是指系统建设的时间规划，通常可以将人力资源信息系统建设划分为 2~3 个阶段，逐步实现全面的信息化管理。

### 2. 产品性价比

人力资源管理软件产品一般要具备以下特点。

第一，产品必须专业、成熟、稳定，尽量少地进行个性化开发。首先，信息系统要满足企业人力资源管理的业务需求；其次，现阶段人力资源系统已经不再是简单的部门级应用，而是面向全员的业务平台，因此系统的成熟、稳定至关重要。对于企业的实际业务需求，应主要通过系统配置而不是通过大量的个性化开发来实现。因为过多的二次开发，一定会给系统稳定性和将来的升级带来影响。

第二，产品必须具有很好的易用性，满足人力资源管理人员水平参差不齐的现状。人力资源管理人员不是专业的 IT 人员，大多数人员计算机专业水平相对不高。系统功能即使再强大，如果最终使用系统的人很难掌握和操作，那么最终的结果也只能是曲高和寡、束之高阁。

第三，产品架构必须具有很好的灵活性、开放性、集成性、扩展性，保障长期应用。我国大多数企业目前正处于由传统人事管理向现代人力资源管理过渡的转型时期，人力资源管理从思想到行动都发生着巨大的变化。转型中的人力资源管理随时都可能发生各种各样的变革，这就要求人力资源信息系统不仅要能满足企业当前各种复杂的实际需求，而且还要适应企业未来管理需求的变化，这就对系统的灵活性、可扩展性提出了很高的要求。

第四，产品理念具有一定的前瞻性。软件厂商和产品必须跟上管理发展的节奏，在满足事务性工作高效处理的基础上，还要具有一定的先进理念，满足人力资源管理提升的需要。但是，企业选型不能过分强调理念而忽略了产品的实际功能设计及实现。

第五，产品技术上应具有一定的先进性。现代信息技术日新月异，需要人力资源系统厂商必须跟得上技术发展步伐，用新技术为用户提供更好的服务。

### 3. 人员专业性

人力资源信息系统建设不是单纯的技术行为，所以在选型中还要全面考察项目实施人员的技术能力和业务能力。一般情况下，专业 HR 软件厂商的人员由于长期专业从事人力资源系统业务，不仅具备技术功底，也具备比较丰富的人力资源管理业务体系经验和能力，能够在系统建设中为客户进行一定的管理梳理和提出优化建议。这样，通过系统建设过程，用户不仅获得了一套信息系统，还在一定程度上实现了人力资源管理体系、流程的梳理与优化。

### 4. 技术路线

很多客户选型时往往只关注了功能和界面，忽略了技术路线，经常出现系统应用一段时间后才发现技术体系与架构等问题，导致系统不得不因为企业整体信息化技术路线要求而更换，造成了财力、物力、人力的极大浪费。

企业要根据自己的规模、财力、现有信息系统、信息规划、安全级别、人员条件等对技术路线进行综合判断。当前人力资源管理软件的开发技术通常是 Java 和.net 两类，两者各有优劣势。在性能上，对于中小级的运用.net 效率更高一些，浏览下载速度更快，但是大数据量和多并发性应用不如 Java，尤其是人员规模在千人以上的企业。但到目前为止，由于 Java 的开放性和安全性，Java 仍然是企业级开发的首选;.net 却因为安全性以及可维护性差，不被大企业广泛应用。但如果开发不像 B2B 那样需要高安全性的项目，则.net 比较合适，毕竟中小企业承受不了开发缓慢和费用高昂的 Java 软件。

### 5. 厂商类型

e-HR 软件选型不能过分迷信于大品牌、大厂商，人力资源管理是一个专业系统。"大而全"的大厂商未必能够做好全部的"小而精"。应结合企业自身情况及需求，根据各厂商的特点选择最适合的软件。

国内专业厂商，如某软件开发公司，长期专业化地开展人力资源类管理软件业务，在产品、人员方面都具有较突出的专业优势；缺点是只有 HR 类软件，在集成方面相对较弱。国内综合厂商的优势一般是企业规模大、地域覆盖广、业务系统多、平台集成较好、品牌知名度大、市场理念强等；但也具有产品专业性弱、人员（尤其是实际承担项目实施服务的分公司人员）的专业性通常较差、平台不适合 HR 的灵活要求、后续专业服务不足且昂贵、人员流动大、个性开发难以支持等问题。

国外厂商专业优势较强且软件蕴含的管理理念先进，然而由于人力资源管理在文化习惯、国家法律法规等方面具有鲜明的本地化特点，对于国外人力资源管理软件，不是简单

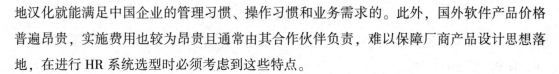

地汉化就能满足中国企业的管理习惯、操作习惯和业务需求的。此外，国外软件产品价格普遍昂贵，实施费用也较为昂贵且通常由其合作伙伴负责，难以保障厂商产品设计思想落地，在进行 HR 系统选型时必须考虑到这些特点。

6. 实施服务

实施是人力资源管理系统建设的重要环节，通常专业厂商能够结合客户实际和业务需求科学规划、快速实施，并推动系统应用。重要的是，专业厂商在实施过程中，还可以结合以往的实际案例，为新客户提供人力资源管理体系的梳理和优化，并将其他客户的管理经验借鉴到新用户的业务中。

系统在上线试用后进入应用期，因此后期服务对于系统应用效果也非常重要。服务上建议考虑的考察指标主要包括服务体系、服务方式、费用标准、系统升级办法等，最好有本地化机构或人员，能够实现及时支持。

7. 成功案例

人力资源管理是一门实践的科学，其管理系统的选择也要充分考虑是否具有成功案例实践。人力资源管理具有一定的通用性，差异主要集中在组织、流程、管理模式等方面，相反，管理水平和阶段则影响巨大。即使相同行业的企业由于不同的发展阶段，管理模式也未必相同。所以，考察案例时，重点考察其是否具有与本企业相似的管理模式、人员规模、业务需求的客户案例。

人力资源管理系统选型对企业人力资源信息化管理的成功运用至关重要，企业在系统的选型过程中应结合企业实际情况，充分考虑业务需求、产品性价比、技术路线、人员专业性、厂商类型、实施服务、成功案例等方面要素。

## 四、人力资源管理信息化系统实施与维护

### （一）人力资源管理信息系统实施阶段的任务

e-HR 系统运行与实施的实质是将分析与设计阶段的结果在计算机系统和组织内加以实现。运行与实施阶段的主要任务如下。

1. 物理系统的安装与调试

按照系统总体设计和物理配置方案的要求选择合适的设备和供应商，安装并调试计算机系统，连接和测试计算机网络，按照数据库设计要求搭建数据库结构。

2. 程序设计与调试

程序设计应该遵照可靠、规范、易理解和易维护的目标，选用恰当的编程工具和设计

方法完成计算机程序的编写。紧随程序设计的工作是程序的调试，即在计算机上以各种可能的人力资源数据和操作条件对程序进行试验和检测，尽可能找出存在的问题并加以修正，使其符合设计的要求。

### 3. 基础数据整理与人员培训

分析设计人员应该注意采用统一规范的方法、手段和渠道将组织的人力资源数据整理并输入系统内，与此同时进行的还有操作人员和用户的培训，其主要内容应该集中在系统操作方式和流程、操作注意事项、可能的故障及其排除等方面，这样做的目的是使用户更有效地参与系统使用与维护，加强用户和分析设计人员之间的理解和沟通。

### 4. 系统试运行及切换

系统试运行实际上是程序调试和检测工作的延续，它通过初始化后输入原始数据让系统运行并记录和核对系统输出，以测试系统运行的速度、可靠性并发现实际运行中可能出现的问题。此外，将通过试运行的系统应用到组织中去替代原有人力资源管理业务操作的过程就是切换，不同的组织可以根据时间、费用、复杂程度等因素决定采用直接切换、并行切换还是分段切换的方式完成系统的平稳过渡。

## （二）人力资源管理信息系统的维护

在系统上线实施完成后，必须进行有效的后续支持和系统维护。系统维护需要考虑以下几方面问题。

### 1. 有专人负责，定期进行

系统维护必须有专人负责，建立系统维护计划，定期进行系统维护。人力资源管理信息系统通常是在系统出了问题或者是有了要求时企业才考虑进行系统维护。但实际的情况是在运行期间即使目前是大错不犯，也会小错不断。因此需要专门人员定期检查系统，对出现的问题建立问题档案，记录问题现象的处理方式，以及处理结果。系统维护人员不仅要有较强的 IT 基础，而且还需要对人力资源方面有一定的了解。

### 2. 建立原型系统后开始

人力资源管理信息系统维护不是在系统上线后才开始考虑，而应该在建立了系统原型后就应该着手考虑和进行。一般来说，从原型系统建立到系统正式上线会有一段时间，其间很多原有的和采集的数据会源源不断地转入系统中，而系统管理的信息又是动态的，每天都有可能发生变化。完善的系统维护会帮助系统在实施后能正常地进行系统切换，减少切换过程中无序和可能的重复劳动。

### 3. 构建有效的沟通和培训通道

人力资源管理信息系统中保留的是很多有关员工的个人信息，将信息更新的工作交给相关人员的同时，也给如何检查和保证相关信息的工作人员及时更新带来挑战。人力资源管理信息系统的特点之一是数据的"不规范性"，如在工作经历中，不同的客户可能会对系统要求的理解不一致。有些员工的工作经历过于琐碎，而另一些员工则可能过于笼统，因此人力资源管理信息系统一致性的问题，也会随着深入使用系统而暴露出来。同时，系统的设置也会随着企业相关政策的变化和不同用户的要求，而不断做出调整和修改。因此，必须建立有效的沟通和培训渠道，确保系统的要求和变化能够及时通知到每一个系统用户。

### 4. 定期系统清理与备份

在系统运行一段时间后，系统里会逐渐积累许多无用的查询、报表和历史数据，大大降低系统的运行效率。因此，根据系统运行管理规则，定期清理系统中的无用查询和报表，定期卸载历史数据，在需要用的时候恢复它们，则可大大地提高系统的运行效率。

对于人力资源管理信息系统，通常的做法是将某些重要的数据（如薪资、绩效、职位和组织机构等）保留完整的历史信息。有规则的数据库备份可以保证用户在需要的时候恢复数据库以获取当时的状态和信息。

### 5. 建立运行日志档案，更新系统设置说明与用户文档

很多用户不愿花时间来编写和更新系统有关的文档，即使在系统实施阶段编写了文档，也不能在以后的工作中根据变化保证文档的更新。在人力资源管理信息系统运营后，一般来说，系统维护工作应包括系统设置文档和用户使用文档的编写和与更新以及系统运行日志的建立。建立系统运行日志档案可以有效地记载系统中出现的问题，以避免在未来的使用中犯类似的错误。

# 第三节 人力资源管理信息化的优化途径探索

## 一、人力资源管理信息化基础性问题的优化对策

如今，越来越多的企业开始重视人力资源管理信息化问题，为了推进我国企业人力资源管理信息化建设，可以通过重视科学管理、调整组织结构等措施来改进当前存在的问题。

## （一）大力支持企业人力资源信息化

人力资源管理信息化建设的领导者要认识到人力资源管理信息化的必然性与必要性。一方面，必须更新观念，树立现代观念和超前意识，充分认识人力资源管理信息化发展的新趋势，不能认为信息服务仅仅是预算中的一项开支而吝啬对其进行人力、物力和财力的投资；另一方面，作为企业的高层领导者，要参与到人力资源管理信息化建设中去，并不是说只要保证足够的资金供给、人员安排和设备配备就可以了，而是要积极参与人力资源管理信息化的设计、规划和实施过程，应该了解一些信息技术的基本知识，运用现代管理学提高管理水平，使人力资源管理信息化的实施顺利进行。

## （二）加强人力资源管理信息化的基础设施建设

实施人力资源管理信息化，必须具备三个条件：畅通的网络、夯实的管理基础、规范的流程。完善并加强网络设施建设，实现企业内外部，尤其是畅通的内部网络具有基础性意义；规范的基础管理为企业实施人力资源管理信息化创造了条件。人力资源管理信息化的实现需要在基础管理方面具备两个条件：一是企业自身人力资源管理水平的高度；二是企业人力资源管理信息化手段的实现程度。两者之中人力资源管理水平相对现今中国的大多数企业而言更为重要，只有管理水平具有一定高度后，信息化的手段才能真正与之结合，从而进入通过信息化的手段提高企业绩效的阶段。企业管理水平的提高，依赖于规范的基础管理工作，规范的基础管理是企业人力资源管理信息化的必备条件；规范的流程主要是程序化人力资源管理部门的内部基本业务。如员工招聘工作，从招聘公告、面试到培训上岗都要按规定的程序进行。

## （三）发挥人力资源管理信息化战略与决策的作用

### 1. 辅助决策

人力资源管理信息化系统的应用可以使人力资源工作者从繁杂的事务性工作中解脱出来。集成、准确的信息可以避免重复性信息处理工作带来的低效率，并大大减少人为干预和手工操作带来的误差，降低管理成本并更加贴近实际需要。更重要的是，人力资源管理信息化的实施，可以直接为企业全体员工提供信息，提供数据支持并辅助决策。信息化系统提供的集成信息可以让企业上下都能对公司的人力资源现状有一个全面而准确的认识：公司领导层可以通过对公司人力资源结构的分析制订相应的方案并最终决策，基层管理者也可以通过信息化数据平台及时有效掌握上级的指导意见和意图。

**2. 从人力资源管理规范化着手，与企业人力资源战略相结合**

企业人力资源战略管理，是提升企业的竞争力和寻求培植并保持企业竞争优势的有效途径，在实施人力资源管理信息化项目时要与企业人力资源战略相结合。企业应该完善人力资源的规范行为与流程，先进的人力资源管理信息化是以先进的人力资源管理思想为指导的，企业首先也应该让员工接受这些先进的管理思想。人力资源管理信息化将人力资源管理工作上升到战略高度，它以提升组织管理能力和战略执行能力为目标，创建以能力素质模型为基础的任职管理体系、以绩效管理为核心的评估与激励体系、以提高员工整体素质能力为目标的招聘与培训体系，帮助企业实施由 CEO、HR 经理、业务经理和全体员工参与的现代企业人力资源战略。

## （四）不仅是选产品，更是选合作伙伴

人力资源管理信息化不是一个简单的购置，即用软件产品的过程。其部署过程是一个包含了系统规划、系统实施与二次开发、系统维护和升级、系统应用管理等众多环节的复杂项目的管理过程。这决定了企业在选择人力资源管理信息化时不能只关注产品本身的特性与价格等，还应该深入了解产品技术框架、供应商的服务能力、供应商业务发展趋势等因素。选择一个实力雄厚、产品优秀并且实施经验丰富的人力资源管理信息化供应商，是一个人力资源管理信息化项目成功的必要条件之一。

在实施人力资源管理信息化的过程中，企业对人力资源管理系统的使用培训和售后服务方面的关心程度甚至超过了产品本身的性能。作为人力资源管理信息系统供应商要从以下几方面改进其服务。

第一，采用科学的、标准的系统实施咨询方法，为每一个实施人力资源管理信息系统的客户配备专业的咨询顾问。

第二，为企业提供全方位的培训，包括原理、操作、项目管理、实施方法、二次开发等。

第三，在项目实施的初期，为客户导入先进的人力资源管理理念，比如"以人为本"的管理理念、科学的绩效评价方法，然后才是软件操作的培训。

第四，在实施人力资源管理信息系统时考虑与企业现有系统的集成与数据共享，并为企业未来投资预留空间，并将此作为整体解决方案的一个重要组成部分。

## （五）选择合适的软件

组织需要根据自身的特点，选择合适的人力资源管理软件。规模较大、资金雄厚的企

业，可以在进行信息化的过程中考虑自主开发软件；对于没有充足的研发资金和人才的中小规模的企业，可以请专业的咨询公司分析本企业的人力资源管理状况，诊断后交由专业公司，委托其开发一套适合本企业的软件。

## （六）提高人力资源管理者的 IT 应用能力和员工素质

人力资源管理信息化，是完善人力资源管理体系的重要环节，绝不是一个纯粹的项目，也不是传统人力资源管理咨询与 IT 技术的简单迭代，而是利用信息技术实现对人力资源管理业务体系的承载、优化甚至再造的过程。这就要求人力资源管理信息化项目的主要参与人员既要对现代人力资源管理有深刻的理解，也需要具备丰富的 IT 经验。人力资源管理信息系统得以顺利运行，还依赖全体员工素质。实施和运用人力资源管理信息系统，企业各级人员尤其是管理人员需要从事更具有创造性、更有难度的工作。企业应给予员工适当的教育和培训，以协助员工转变价值观，适应组织目标，帮助他们适应系统变化，促使人力资源管理信息系统应用的深入开展。

## （七）建立深入人心的"以人为本"的企业文化

"以人为本"不是一句口号，而是一个企业各个部门和员工都认可、遵循的经营战略，围绕这个战略，不同部门都追求如何更好地服务员工和客户的共同目标。在此前提条件下，才能实现企业文化向良好的方向变革、重组，从而为人力资源管理信息化的实施创造有利的文化环境。

## （八）有效地调整组织结构

随着信息时代的到来，公司的管理层级大大减化，扁平式、矩阵式的组织结构将成为多数公司的组织形式。作为信息时代的人力资源管理，必须调整组织结构，以适应新的时代和新的价值体系。人力资源管理信息化项目的实施不可避免地会使原有业务流程发生变化，同时也会影响到人员岗位和职责的变化，甚至引起部分组织结构的调整。一方面，必须根据企业战略对组织架构和部门职责进行调整。在调整过程中，可能会涉及部门职能的重新划分、岗位职责的调整、业务流程的改变、权力利益的重新分配等因素。另一方面，要对人力资源管理结构进行调整。实施人力资源管理信息化后，人员的层次结构有了很大变化，原来主要从事重复劳动的管理人员，现在可以把主要精力放到更具创造性的工作上。因此，企业要进行新的工作分析，调整人力资源管理目标和提拔、培训等计划。

## （九）不求一步到位，但要有长期规划与持续发展

选择人力资源管理信息化要根据企业的实际情况，不能盲目追求一步到位。成功的人力资源管理信息化建设要有一个长期的人力资源信息化建设规划，形成良好的人力资源管理规范、行为、流程以及网络环境，循序渐进地推进人力资源管理信息化建设。首先，可以从建立简单的人力资源管理信息化系统入手，减少事务处理的手工操作，将 HR 人员解放出来；其次，进行专项的系统建设，如招聘、E-learning、培训等系统；最后，建设一个大型的人力资源管理信息化项目。同时，人力资源管理信息化建设也要考虑到与企业的其他信息系统相连，如与 ERP 相连，形成企业高效运作与决策的数字神经系统。

## 二、人力资源管理信息化决策层面的优化对策

### （一）企业 IT 规划链条必须纳入人力资源信息化

随着 IT 的发展，社会的运作节奏越来越快，各行各业的竞争也越来越激烈。在此过程中，IT 在企业中的应用也越来越广泛，越来越深入。对企业而言，IT 的作用不再仅仅停留在规范管理、提升效率的层次上，而成为逐渐强化和提升企业核心竞争力的强有力手段。但是企业不能把人力资源信息化孤立出来，不能出现企业内部信息不畅通，而应把企业 IT 规划链条纳入人力资源信息化中。

### （二）慎重选择需求分析主体，明确企业的共性需求

企业在选择自己的人力资源管理信息化系统时，往往会综合考虑以下因素：系统功能、方案可行性、供应商实力、服务水平、产品价格等。上述各因素中，后三项都比较容易根据经验判断而得出结论，而对于前两项因素，如果没有适当的标准做指导，不好把握。用户在选择人力资源管理信息化系统时不妨从以下一些特征来评判其功能。

1. 完整性与集成性

系统应全面涵盖人力资源管理的所有业务功能，并且对每个业务功能都是基于完整而标准的业务流程设计，是用户日常工作的信息化管理平台。对员工数据的输入工作只须进行一次，其他模块即可共享，减少大量的重复录入工作。既可作为一个完整的系统使用，也可以将模块拆分单独使用，在必要时还能扩展集成为一个完整系统。

2. 易用性

界面应友好简洁，直观地体现人力资源管理的主要工作内容。采用导航器界面，引导

用户按照优化的人力资源管理流程进行每一步操作。基本没有弹出式对话框，在一个界面就能显示所有相关信息，并操作所有功能，一方面信息集成度高，另一方面减少了大量弹出式对话框的烦琐操作。

### 3. 智能化

系统的自动邮件功能可直接批量通过电子邮件发送信息给相关人员（如通知被录用人员、给员工的加密工资单等），极大地降低了管理人员的行政事务工作强度。系统设置大量的提醒功能，以便用户定时操作（如员工合同到期、员工生日等），使得人力资源管理变被动为主动，能有效地提高员工对人力资源管理工作的满意度。

### 4. 报表/图形输出功能

提供强大的报表制作与管理工具，用户可直接设计各种所需报表。提供灵活报表生成器，用户可快速完成各种条件报表的设计，能随时进行设计更改，并可以输出到打印机。提供完善的图形统计分析功能（如柱状图、饼图、折线图等），输出的统计图形可直接导入文字处理软件的文档中，快速形成人力资源工作报告。

## （三）以企业实际情况和需要选择信息化路线

企业实施人力资源管理信息系统，通常有以下四种类型：内部自行开发系统、由外部顾问或软件开发商为企业订制系统、使用独立的商品化人力资源管理信息系统、使用 ERP 系统内部的人力资源管理模块。在企业决定实施人力资源管理信息系统时，应综合考虑几方面因素：企业规模和管理需求、企业的信息技术应用现状、企业内部软件开发实力、信息技术短期及长期发展规划和投资计划等。

1973 年，美国管理信息系统专家理查德·L. 诺兰（Richard L. Nolan）通过对 200 多个公司、部门发展信息系统的实践和经验的总结，首次提出了信息系统发展的阶段理论，被称为"诺兰阶段模型"。1979 年，诺兰又进一步完善了该模型，将计算机信息系统的发展道路划分为六个阶段。诺兰强调组织在实施管理信息系统时都必须从一个阶段发展到下一个阶段，不能实现跳跃式发展，它可用于指导人力资源管理信息化系统的建设。

诺兰模型的六个阶段分别是初始阶段、扩展阶段、控制阶段、集成阶段、数据管理阶段和成熟阶段。六阶段模型反映了企业计算机应用发展的规律性，前三个阶段具有计算机时代的特征，后三个阶段具有信息时代的特征，其转折点是进行信息资源规划的时机。"诺兰阶段模型"的预见性，其后被国际上许多企业的计算机应用发展情况所证实。

（1）初始阶段

在这一阶段，企业对计算机基本不了解，更不清楚 IT 技术可以给企业带来哪些好处、能解决哪些问题。IT 的需求只被作为简单的办公设施改善的需求来对待，采购量少，只有少数人使用，在企业内没有普及。

（2）扩展阶段

企业对计算机有了一定了解，应用需求开始增加，企业对 IT 应用开始产生兴趣，并对开发软件热情高涨，投入开始大幅度增加。但此时很容易出现盲目购机、盲目订制开发软件的现象，缺少计划和规划，因而应用水平不高，IT 的整体效用无法突显。

（3）控制阶段

在这一阶段，企业管理者意识到计算机的使用超出控制，IT 投资增长快，但效益不理想，于是开始从整体上控制计算机信息系统的发展，在客观上要求组织协调，解决数据共享问题。此时，一些职能部门内部实现了网络化，如财务系统、人事系统、库存系统等，但各软件系统之间还存在"部门壁垒""信息孤岛"。信息系统呈现出单点、分散的特点，系统和资源利用率不高。

（4）集成阶段

在控制的基础上，企业开始重新进行规划设计，建立基础数据库，并建成统一的管理信息系统。企业的 IT 建设开始由分散和单点发展成体系。此时，企业 IT 主管开始把企业内部不同的 IT 机构和系统统一到一个系统中进行管理，使人、财、物等资源信息能够在企业集成共享，更有效地利用现有的 IT 系统和资源。不过，这样的集成所花费的成本会更高、时间更长，而且系统更不稳定。

（5）数据管理阶段

企业高层意识到信息战略的重要，信息成为企业的重要资源，企业的信息化建设也真正进入数据处理阶段。这一阶段中，企业开始选定统一的数据库平台、数据管理体系和信息管理平台，统一数据的管理和使用，各部门、各系统基本实现资源整合、信息共享。IT 系统的规划及资源利用更加高效。

（6）成熟阶段

到了这一阶段，信息系统已经可以满足企业各个层次的需求，从简单的事务处理到支持高效管理的决策。企业真正把 IT 同管理过程结合起来，将组织内部、外部的资源充分整合和利用，从而提升了企业的竞争力和发展潜力。

诺兰阶段模型总结了管理信息系统发展的经验和规律，其基本思想对于人力资源管理信息化路线选择具有以下重要的指导意义。

第一，无论在确定开发管理信息系统的策略，或者在制订管理信息系统规划的时候，都应首先明确组织当前处于哪一阶段，进而根据该阶段特征来指导管理信息系统建设。

第二，信息系统建设是一项长期的、复杂的、投入高的社会化系统工程，其发展呈波浪式进程，它受各种综合条件的影响和制约，应遵循其发展规律。

第三，信息系统是伴随着计算机技术的应用发展而实施的，其发展的各阶段是人类对其应用的认识逐步提高的过程，各阶段并非不能逾越的，应该根据各种因素尽可能压缩蔓延和控制阶段过程，使其按照正确的方向前进。

第四，我国是一个发展中国家，人口众多，资源紧缺，要在短时间内改变现有的信息管理落后状况是不现实的，应该吸取他人的经验教训，避免盲从，少走弯路，根据自己国家、地区、单位的实际情况，制订切实可行的信息化建设方案。

### （四）把可行性研究工作做细

项目的可行性研究工作是由浅到深、由粗到细、前后连接、反复优化的一个研究过程。前阶段研究是为后阶段更精确的研究提出问题创造条件。如果所有方案都经过反复优选，项目仍是不可行的，应在研究文件中说明理由。应说明，研究结果即使是不可行的，这项研究仍然是有价值的，这样可以避免资金的滥用和浪费。

## 三、人力资源管理信息化实施层面的优化对策

### （一）明确软件商和客户以及项目成员的任务

作为企业客户应该明确与软件商在项目实施中的各项任务，避免出现相互推诿的情况。软件商与企业的分工要明确，只有更好地分工才能更好地配合，从而保证项目的稳步推进。

### （二）采用成熟的项目管理方法和技术

软件项目管理的对象是软件工程项目，它所涉及的范围覆盖了整个软件工程过程。为使软件项目开发获得成功，关键问题是必须对软件项目的工作范围、可能风险、需要资源（人、硬件、软件）、要实现的任务、经历的里程碑、花费工作量（成本）、进度安排等做到心中有数。这种管理在技术工作开始之前就应开始。

### （三）定期进行系统评估

为了能够对软件系统做出科学的评估，需要综合考虑软件系统的各方面的特性。对软

件系统进行全方位的评估，我们要对软件系统的性能、效能、经济性三方面进行定期评估，并且对系统评估又有以下三方面要求。

第一，评估要求。评估应具有实用价值，这就要求评估的准则、评估的方法、评估的效能指标要面向用途，以评估目标为导向，考虑到不同层次评估主体的不同需求。

第二，评估质量。衡量评估结果的可信度，可通过可用性和可靠性来描述。可用性是指评估结果在解决问题、支持决策或者提供有效信息方面的有效性和适用性；可靠性是指评估结果的稳定性、一致性和准确性，其考察的是在不同条件下，或者在重复实验中，评估结果能否得出相似的结论。

评估结果在解决问题、支持决策或者提供有效信息方面的有效性和适用性。

第三，评估时效性。评估结果具有时效性，指应从发展的观点看待评估。由于情况条件的变化、认识的深入，评估结果会有一定的变化，应在实践中反复检验。

综上所述，人力资源管理信息化是人力资源发展到一定阶段之后的必然产物，也是企业人力资源管理发展的方向，是未来企业竞争的重要武器，更是企业在激烈竞争中取得先机的制胜法宝。企业可借助人力资源信息化这一重要手段，积极推进人力资源工作从传统的人事管理向现代化人力资源管理演变，将企业人力资源管理工作的重点从事务性工作转变为战略性工作，从而打造企业人力资源管理信息化、网络化、职业化与个性化管理的平台。目前企业在实施人力资源管理信息化的过程中存在不少问题，这不但会限制人力资源管理信息化的发展，而且还会对企业人力资源管理工作造成负面影响。因而亟需剖析企业人力资源管理信息化的现实困境，找寻创新企业人力资源管理信息化的措施。

# 第四节　基于大数据的人力资源管理信息化建设

近年来，大数据作为一个新兴的概念和技术出现在大众视野中。大数据的出现给企业人力资源管理带来了新的变化和机遇，将大数据思维方式与人力资源管理信息化建设融合，充分发挥大数据的优势，进一步完善企业人力资源管理信息系统，可使企业的人力资源管理更加科学化、规范化、专业化。

## 一、大数据对企业人力资源管理信息化建设的影响

### （一）大数据背景下企业人力资源管理信息的特征

大数据时代的到来，给企业人力资源管理及其信息化建设带来了巨大的机遇和挑战，

这一时代背景下，人力资源管理信息化呈现出以下特征。

### 1. 数据多样化与社交化

大数据时代下，数据成为一种重要的基础资源，企业人力资源管理系统中的数据，也不再局限于人力信息档案或人事部门的档案，企业经营数据、利润数据等业务数据也包括其中，同时员工的地点数据、工作数据、社交数据等数据也能被人力资源管理系统进行收集和分析。

### 2. 系统"移动化"与安全性

大数据背景下的企业人力资源管理信息系统，在数据收集环节，不再局限于企业内部信息，可随时随地获取"与人相关"的数据，其中就有移动互联网、传感器等新技术的作用发挥。不过，大数据背景下因为关于"人的数据"实现了高度的聚合，如何保证数据的安全性及隐私保护，是企业在人力资源管理信息化建设过程中需要重点关注和解决的一个问题。

### 3. 工具多样化

在数据高度聚合的基础上，为数据的分析、挖掘及预警预测提供了可能。然而在传统的人力资源管理系统中，面对庞大的数据难以有效地处理。大数据概念与技术的出现，为企业人力资源管理系统的数据分析创造了有利条件，企业可通过数据推动人力资源管理创新。同时，在人力资源管理的人才招聘、薪酬管理、绩效管理等环节，也可通过大数据的分析预测、前瞻性管理功能，进一步提升企业人力资源管理的专业性。市场上也会出现越来越多专业性的应用工具，企业在人力资源管理信息化建设过程中，可根据自身所需自主选择专业化的工具，以满足企业的个性化需求。

### 4. "云服务化"

随着大数据、云计算、互联网等技术快速发展，人力资源服务的云平台也相继出现。对企业来说，人力资源管理信息化有了更加快捷、便利的选择。企业在推进人力资源管理信息化建设过程中，不需要购置大量的设备、软件产品来满足自身的个性化需求，只需要购买相应的云服务。同时，考虑大数据的应用具有一定的复杂性，这对一些技术实力不是很强的企业来说，便可借助云计算进行数据价值的挖掘，这样也能实现人力资源大数据的应用。

## （二）大数据应用企业人力资源管理信息化建设的意义

信息化是企业人力资源管理发展的必然趋势，大数据概念与技术的出现，为企业推进人力资源管理信息化建设创造了有利条件，也大大提升了企业内部管理效能，具体体现在以下几方面。

**1. 可提高企业管理的效率**

人力资源管理是企业内部管理的重要内容，同时由于这一项工作涉及的内容较多，在实际管理中存在一定的难度，一旦出现管理效率降低的现象，就会对企业的发展造成不良的影响。而企业基于大数据基础上推进人力资源管理信息化建设，可让整个管理过程更加高效，许多工作得以自动化处理，可简化工作流程，从而提高企业人力资源管理的效率。而在人力资源管理效率有所提高时，也能让企业人员的工作更加规范。比如，面对分散企业中的各种相关数据，可通过大数据进行快速收集和分析处理，可为企业内部工作创造更为高效的环境，也将有助于提升企业经济效益。

**2. 可提升企业管理的针对性**

在企业人力资源管理工作中，若仅依靠管理制度是远远不够的，因为员工的奖金、薪酬、福利等问题较复杂多变，需要人力资源管理者针对这些工作实际不断调整和完善。这也需要企业管理者引入信息化工具，为人力资源管理者能快速了解员工信息、工作情况、个人特点等提供支持。大数据技术的应用，便可为企业人力资源管理者实现精细化管理提供帮助，人力资源管理者在了解企业与员工实际情况和需要的基础上，制订更具有针对性的管理方案，可显著提高企业员工的工作效率，提高企业员工的稳定性，这对企业的长远稳健发展也有重要的保障作用。

**3. 可自助处理部分工作**

基于大数据背景下的企业人力资源管理信息系统，囊括了企业全部工作类型的信息数据，这些数据资源不局限于人力资源管理部门使用，也可供企业员工使用，员工可通过人力资源管理信息系统获取所需的数据信息，如在员工考核与岗位安排中，便可根据系统中所提供的相关信息及实际进行相应调整；员工也可通过这一信息系统更改个人资料或者申请社会福利保障等。可见，在大数据的作用下，可有效改善企业人力资源服务质量，随之也能降低企业的经营成本，进而改善企业的经营环境。另外，在信息系统的支持下，企业人力资源管理部门也能更加方便快捷地对员工工作的开展进行监督管理，进而促进企业员工工作效率。

**4. 可为人事考核提供可靠依据**

人事考核是企业人力资源管理中一项较为重要的工作，企业在推进人力资源管理信息化建设过程中，通过应用大数据，可为员工的绩效考核提供更为全面、可靠的依据。通过对员工的考核，反馈员工的工作表现、技能水平、优势劣势等，并结合反馈结果进行员工与岗位的合理配置，既有助于人力资源管理部门更好地开展评优评先工作，也能让员工在实际工作中更好地发挥出其自身优势，避免劣势，从而获得更好的发展。

## 二、大数据背景下企业人力资源管理信息化建设的现状及问题

从现阶段人力资源管理信息化建设的现状来看，许多企业逐步开展了信息化管理工作，在组织管理、员工关系、薪酬福利、绩效考核等人力资源管理模块也开始应用了信息化工具。但从整体来看，仍有许多人力资源管理模式未开展信息化管理工作，人力资源服务范围与质量还有待提升。具体来看，主要存在以下几方面的问题。

### （一）大数据认识不足，管理理念滞后

大数据作为一种新兴的技术，许多企业对其缺乏全面的认识，也因此无法充分认识到大数据在企业建设发展中的重要性，给企业内部的人力资源管理信息建设造成了一定的阻碍。据有关数据调查显示，目前仍有相当一部分的企业未认识到大数据对自身发展的重要性，但对比西方发达国家，大多数企业已经对此有了正确的认知，这也说明了我国企业在大数据认识方面与西方发达国家有一定的差距。

另外，目前仍有许多企业的人力资源管理还停留在过去的制度管理模式中，这样的管理模式只能够实现人力资源的静态管理，无法有效提高内部员工的流动性，而且还容易使管理人员形成固化思想。同时，企业采用的人力资源管理方法也较为固定，集中体现在机制和奖励方面，通常是物质激励，尽管这样的激励方式与制度控制能相辅相成，但在实践中仍然经常出现腐败事件，如物质激励对象内定、部分人员奖励金额减少、上报信息存有虚假数据等。这些问题的存在，都极大地阻碍了企业人力资源管理效率与质量的提升，也不利于企业人力资源管理信息化建设顺利推进。

### （二）信息化建设规划有待完善

目前，虽然部分企业开始重视人力资源管理信息化建设，但是缺乏完善的信息化建设规划，无法为实际管理工作提供科学的依据，进而导致实际的建设效果不理想。主要表现为企业的信息管理系统还无法实现信息的有效传输，与业务和管理实际不符，导致内部信息化管理工作开展受到影响，无法提升管理工作质量。只有建立起完整、实时性、可拓展性的信息管理系统，才能有效保障企业信息管理工作的质量。

## （三）信息化建设投入不足，基础薄弱

在大数据时代下，企业有必要引进先进的信息技术与企业人力资源管理工作结合，由此提升信息数据收集的科学性、有效性，进而提高企业人力资源管理信息化水平。但从现状来看，仍有较多的企业在人力资源管理信息化建设上投入不足，导致人力资源管理信息化基础薄弱，严重限制了企业人力资源管理信息化的建设发展，也制约了企业人力资源管理效能的提升。具体来看，大多企业的信息装备技术水平较低，网络系统、电子设备、服务器等配套基础设施不完善，降低了员工的操作体验，有时甚至还不如传统人工管理模式的效率。究其根本，是企业对人力资源管理信息化建设的重视不够，且因其本身具有一定的特殊性，有的企业还存在违规调动部分建设资金的情况。另外，目前在市场上流通的人力资源管理信息化系统软件也较多，并在厂商的宣传作用下，企业不能准确判断，对自身需求认识模糊，使得所选择的软件系统与实际的人力资源管理需求不匹配，由此也衍生出了一系列的衔接问题。

## （四）复合型人才匮乏

在当前知识经济时代下，人才成为企业竞争力的核心资本，也是企业实现创新发展的必要保障。从另一层面来看，企业推进人力资源管理信息化建设，也属于岗位人员转型升级的过程。尤其是在大数据背景下，对企业人力资源管理者提出了更高的要求。但目前许多企业的人力资源管理者信息化素养并不高，在实际工作中，仍停留在信息收集与基本的办公操作中，缺乏数据库理念，专业软件、网络知识的掌握程度也不高，与此同时，许多人力资源管理人员缺乏职业道德、创新精神等。这在很大程度上限制了企业人力资源管理信息化建设的进程。在缺乏足够智力保障下，企业势必无法深入开展人力资源管理信息化建设，所获得的成效也不明显，这将会影响企业决策层的判断，进而削弱对人力资源管理的投入，最终使得企业陷入恶性循环中。

## （五）存在信息安全隐患

任何事物都有其两面性，大数据、互联网等技术的发展和应用，虽然给企业的人力资源管理信息化建设创造了条件，但也带来了一定的信息安全隐患。尤其是在高度开放、自由的网络空间中，信息安全形势尤其严峻，企业的人力资源管理系统会面临病毒入侵、黑客攻击等风险，所造成的信息泄露会给企业带来巨大的损失。因此，企业在推进人力资源管理信息化建设过程中，也应同步进行信息安全建设，进一步完善信息输入与使用管理机

制，由此保障企业信息的安全。

## 三、大数据背景下企业人力资源管理信息化建设的具体策略

### （一）正确认识大数据，转变落后管理思想

大数据引领下，企业人力资源管理信息化建设是必然，对提高企业内部管理工作成效有积极作用，尤其是面对日益激烈的市场环境，企业应从长远发展的角度出发，与时俱进地进行人力资源管理创新，充分集合自身实际，优化顶层设计，有序推进人力资源管理信息化建设工作，切实发挥出先进技术的作用，促进企业各项工作产出价值的提升。

一方面，企业领导层应注重自身示范作用的发挥，充分认识人力资源管理信息化建设的必要性和重要性，并加强对大数据内涵的认识和理解，在此基础上将人力资源管理信息化建设纳入企业战略部署中推进，带领企业内部全体员工共同推进信息化建设，全面提升企业内部管理效率、管理质量和管理精度。

另一方面，针对企业传统人工管理模式中存在的管理效率低、错误率高等问题，可将"互联网+"思维融入企业人力资源管理中进行改善，进而促进企业人力管理工作质量的提升。这需要企业注重在内部培养全体人员形成"互联网+"的思维，在人力资源管理规划中，应配备具备专业知识与计算机专业能力的人员开展人力资源管理工作，企业应注重搭建学习型组织，促进相关人员不断提高能力，确保其能顺畅应用计算机、大数据、云计算等技术，进而提升企业人力资源管理信息化建设水平。

### （二）立足实际需求，完善信息化建设规划

信息化规划是企业开展人力资源管理信息化建设的基础，所以就需要企业相关人员制订完善的信息化建设规划。首先，企业应加强市场调研分析，可借助大数据技术进行数据分析预测，并将这些信息应用到企业的信息规划中，为制订信息化建设规划提供依据和方向，让企业的信息化规划更具有针对性和适应性，也为企业人力资源管理信息化建设提供基础保障。其次，企业在制订信息化规划过程中，应在使用现有人力资源管理系统基础上，融入新技术、新理念，建立新的人力资源信息系统，并将人力资源管理系统与其他部门的管理系统有效衔接，确保人力资源管理系统能更加全面、准确地收集相关的人力资源信息，提高人力资源管理的实时性，并保证相关数据的真实性。再次，也需要做好系统的基础信息维护工作，结合自身工作的实际需求，对人力资源管理系统的功能模块进行开发、优化，增强系统的兼容性和可靠性，为企业人力资源管理的各项工作有序开展奠定良

好的基础。最后，企业在制订信息化规划过程中，也应充分考虑业务和管理实际需要，围绕企业管理方向和管理的指导思想，推进人力资源管理信息系统建设，确保人力资源管理信息系统能切实满足企业业务与管理需要，进而为企业发展提供持续的内驱力。

### （三）增加信息化建设投入，科学选择软件

一方面，企业应增加人力资源管理信息化建设所需的人力、技术、资金投入，通过多种途径筹集建设资金，提高企业的资源配置能力，为企业人力资源管理搭建现代化信息管理平台。为确保投入的建设资金规范使用，通过专项技术投资自己的形式，为人力资源管理信息化建设提供资金支持。

另一方面，在企业人力资源管理信息化建设过程中，面对市场中质量参差不齐的人力资源管理软件系统，需要企业立足自身实际需求，加强对不同软件功能的分析，确保引入的软件系统能满足组织管理、薪酬管理、绩效管理等管理需求，最大限度地提升人力资源管理效能。在条件允许的情况下，可选择与知名专业的软件开发公司合作开发人力资源管理信息软件系统，为企业管理提供更加完善的功能服务。

### （四）加大培训力度，培育信息化管理人才

大数据背景下企业人力资源管理信息化，对人力资源管理人员提出了更高的要求，企业应树立人才战略思想，将人才建设也纳入人力资源管理信息化建设，对人力资源管理人员提出明确的要求，并通过有效的培训与绩效考核，不断提升人力资源管理的综合素质，为企业人力资源管理信息化建设提供智力支持。企业在对人力资源管理人员培训过程中，应注重信息化建设的宣传，通过理论知识与实践操作结合的方式，促进人力资源管理人员信息素养和技术水平，将现有人力资源管理人员发展成为复合型信息化管理人才，以适应企业人力资源管理信息化建设与发展的需要。

### （五）做好信息安全管理，将风险降至最低

在科技快速发展的今天，信息安全这一重要问题不可忽视。企业在依托大数据推进人力资源管理信息化建设过程中，也应同步进行信息安全建设工作，强化对人力资源管理信息系统的安全设计。

首先，统筹推进人力资源管理信息化系统的安全部署工作，从网络传输、防火墙、防病毒、访问控制等方面采取有效的安全措施。

其次，制定完善的安全管理制度，并定期、不定期进行安全隐患的排查，针对违反安

全管理标准的行为进行统计，并及时督促整改。

最后，为避免因人为、设备故障、自然灾害等因素引起的数据丢失、系统瘫痪问题，应单独对系统中的数据进行备份，以保证系统数据的安全性。

# 第六章 战略性人力资源管理模式的实施

## 第一节 战略性人力资源管理概述

### 一、战略性人力资源管理的内涵

战略性人力资源管理是企业人力资源战略的理论升华和实践体现，作为一种新思想，产生于 20 世纪 80 年代初期，同人力资源管理思想同步产生，近一二十年来发展迅速，已成为 21 世纪人力资源研究领域中的重要组成部分。相对传统人力资源管理而言，战略性人力资源管理的定位是支持企业的战略人力资源管理的活动、作用和职能。

战略性人力资源管理虽然把人力资源管理提升到战略的地位来研究，但是对于"战略"的理解有许多不同的观点。例如，有的学者把人力资源实践与组织绩效的关系看成是战略性的，有的学者则从人力资源实践与企业战略的适应性来研究人力资源管理，这两种不同的战略观导致该领域的研究结果存在差异。

战略性人力资源管理在本质上是指企业为了实现战略目标，对人力资源各种部署和活动进行规划的模式。战略性人力资源管理的基本任务，就是通过人力资源管理来获得和保持企业在市场竞争中的战略优势。

目前，对于战略性人力资源管理还没有一个权威和公认的定义。金蝶认为，战略性人力资源管理就是将支持企业战略实现的组织能力贯穿到人力资源管理中，建立基于战略发展的有计划的人力资源管理模式，确保组织与公司的战略方向协调一致，并通过改善员工治理，提升员工能力，牵引员工思维来构建企业高效的组织能力，支持企业战略目标的实现。通俗地说，就是帮助企业快速、高效走到预期的目的地。学术理论界一般采用怀特（Wright）和麦克曼汉（Mcmanhan）的定义，即为企业能够实现目标所进行和所采取的一系列有计划、具有战略性意义的人力资源部署和管理行为。[1]

---

① 吕巍，周颖，冯德雄. 战略管理 [M]. 武汉：武汉理工大学出版社，2010：257.

## 二、战略性人力资源管理的特征

战略性人力资源管理除了具备传统人力资源管理的一般属性和特征外，还具备以下显著特征。

### （一）人力资源的战略性

人力资源是企业获得竞争优势的源泉。战略性人力资源是指在企业的人力资源系统中，具有某些或某种特别知识，或者拥有某些核心知识或关键知识，处于企业经营管理系统的重要或关键岗位上的人力资源。相对传统人力资源而言，这些被称为战略性的人力资源具有某种程度的专用性和不可替代性，是决定组织成败的关键因素。

### （二）人力资源管理的战略性

战略性人力资源管理注重战略层次的决策规划与实践活动，因此，人力资源管理必须与企业的发展战略契合，直接融入企业战略的形成和执行过程，成为企业战略的关键参与者及执行者。而且整个人力资源管理系统各组成部分或要素之间要契合和匹配。

### （三）人力资源管理的目标导向性

战略性人力资源管理更加关注组织绩效的获取，通过组织建构，将人力资源管理置于组织经营系统，将人力资源部门的绩效和组织绩效整合成一个整体，促进组织绩效最大化。

## 三、战略性人力资源管理的作用

人力资源作为企业的战略贡献者，它的作用是其在企业管理中战略作用的具体体现。马托森从三方面论述这种"战略贡献者"的作用：扩展人力资本，提高企业的资本运营绩效，保证有效的成本系统。另外，战略性人力资源管理作为企业战略管理的有机组成部分，其所有的实践活动都帮助企业获得持续的竞争优势。

### （一）扩展企业的人力资本

人力资本是企业人力资源的全部价值，是由企业中的人以及他们所拥有的并能用于他们工作中的能力所构成。扩展人力资本的主要途径就是充分利用企业内部人员的能力，同时吸引企业外部的优秀人才。作为战略的贡献者，人力资源管理工作必须满足企业各个工作岗位所需的人员供应，以及为适应工作岗位的要求所应具备的能力。

作为企业战略管理的一部分，战略性人力资源管理工作就是要提高企业人力资源的质量，开发企业未来发展所需要的能力。通过战略性人力资源管理活动，缩短甚至消除企业发展所需技能和员工现有技能之间的差距，并促使员工获得在企业内部进一步发展的能力和知识，并增强企业人力资本的竞争力，最终达到企业扩展人力资本的目的。

## （二）提高企业的经营绩效

企业的绩效是通过员工有效地为顾客提供产品和服务来体现的。战略性人力资源管理根据企业的目标和内外环境的变化，不断完善策略与方法，以提高企业员工素质和工作绩效，进而提高企业绩效。

传统的人力资源管理以人事管理为主，是以活动为导向和宗旨的，很少考虑人力资源投入成本和收益。战略性人力资源管理则通过各项职能活动来发挥其作为战略贡献者的作用，实施对实现组织战略目标具有最大效果的实践活动，并把活动产生的绩效作为企业的经营成果。

## （三）保证有效的成本系统

企业的人力资源工作存在着投入成本与产生价值之间的矛盾。许多企业的人力资源管理投入成本集中在行政和事务管理上，但是这类活动只能产生有限的价值，人力资源管理战略投入的人力资源成本较少，却能产生最大的价值。

另外，在近几十年里，许多国家制定了大量有关人力资源管理的法律法规，这导致企业的人力资源管理人员必须花费很多的时间和精力来保证工作不违背这些法律法规，保证企业的经理和员工了解这些法律法规，以减少法律责任和投诉，即减少法律问题而导致的成本开支。作为企业战略贡献者，人力资源管理必须用合法、有效的成本管理方式提供人力资源服务和活动。

## （四）获取企业持续竞争优势

战略性人力资源管理着眼于企业人力资源的未来，通过每项具体的实践活动来实现企业的战略目标，从而获取企业持续竞争优势。竞争优势的取得在于其难于模仿性，人力资源战略的难于模仿性是企业获取竞争优势的基础。因为每个企业的人力资源战略是竞争对手很难深入接触到的，因此很难模仿。此外，因为每个企业的人力资源战略都要和企业战略的其他部分相互配合，与企业的员工状况相吻合才能取得成功，即使竞争对手模仿、利用这些实践活动，而不考虑企业的具体情况，也未必能够产生相同的效果。所以，战略性人力资源管理能帮助企业获取持续竞争优势。

## 四、战略性人力资源管理与传统人事管理的区别

### （一）管理理念的区别

战略性人力资源管理以"人"为中心，认为人力资源是企业的核心资源，对其是动态的调节和开发，属于"服务中心"，管理的出发点着眼于人，达到人与事的系统优化、使企业取得最佳的经济和社会效益的目的。

传统的人事管理以"事"为中心，把人当作一种"工具"，对其的管理也只是强调对"事"的单一方面的静态控制和管理，属"权力中心"，其管理的形式和目的是"控制人"。

### （二）管理方式的区别

战略性人力资源管理极其重视人力资源的开发，要求人力资源管理者站在企业战略的高度，主动分析和诊断企业现有人力资源状况，为决策者准确、及时地提供各种有价值的人力资源相关数据，并协助其制订具体的人力资源计划，支持企业战略目标的执行和实现。

传统的人事管理则重视人力资源的使用，轻视人力资源的开发，只能站在部门的角度，考虑人事事务等相关工作的规范性，最多也只是传达决策者所制定的战略目标等信息。

### （三）管理地位的区别

战略性人力资源管理部门作为企业的核心部门，是企业战略的重要组成部分和决策层，人力资源管理职能直接融入企业战略的形成和执行过程，主要通过企业文化整合战略、组织和系统，保证企业战略的执行和实现、推动企业长期稳定地成长，以实现对企业经营战略的贡献。

传统的人事管理只是企业的执行层和辅助部门，对企业经营业绩没有直接贡献，主要的工作是负责员工的考勤、档案及合同管理等事务性工作，技术含量低，无须具备特殊专长。

### （四）管理内容的区别

战略性人力资源管理是通过提升员工个人能力和组织绩效来体现其价值的，而提升员

工能力与组织绩效要结合企业战略与人力资源战略，因此战略性人力资源管理需要重点思考如何提炼和塑造优秀的企业文化、制订个性化的员工职业生涯规划等，特别关注对企业人力资源的深入开发。

传统的人事管理价值主要是通过规范性及严格性来体现，即是否将各项事务打理得井井有条、是否看得住和控制住企业员工等，绝大部分工作还只停留在事物的表层，如档案管理、工资发放以及一些简单的行政性事务。

## 五、战略性人力资源管理与企业战略的关系

在现代社会，人力资源是组织中最有能动性的资源，如何吸引到优秀人才，如何使组织现有人力资源发挥更大的效用，支持组织战略目标的实现，是每一位领导者都必须认真考虑的问题，这也正是为什么企业的最高领导越来越多地来源于人力资源领域的一个原因。战略性人力资源管理认为人力资源是组织战略不可或缺的有机组成部分。

一方面，企业战略的关键在于确定好自己的客户，经营好自己的客户，使客户满意，建立顾客忠诚度，从而实现企业的可持续发展，但是让客户满意需要企业有优良的产品和服务给客户创造价值和利益，而高质量的产品和服务，需要企业员工的努力。所以，人力资源是企业获取竞争优势的首要资源，而竞争优势正是企业战略得以实现的保证。另一方面，企业要获取战略上成功的各种要素，如研发能力、营销能力、生产能力、财务管理能力等，最终都要落实到人力资源，因此，在整个战略的实现过程中人力资源的位置是最重要的。

随着人力资源理论与实践的发展，人力资源战略作用的发挥不仅在于实现战略匹配，更重要的是获得战略弹性。也就是说战略性人力资源应更多地关注企业如何适应快速变化的环境，即人力资源战略弹性。

1998 年，莱特和斯奈尔提出人力资源战略弹性的模型。该模型强调战略匹配与战略弹性的互补性，并且认为人力资源战略弹性是基于企业员工技能与行为的多种组合，从而使得企业在竞争性环境中追求不同的战略选择。而且，人力资源战略弹性还是基于企业开发这些技能与行为的人力资源管理实践，从而使企业能够快速地进行战略调整。

# 第二节 战略性人力资源管理的环境

环境的变化将改变人们的工作目标和态度，人力资源战略也需要不断地调整。因此制

定和实施人力资源战略，首先应该仔细分析企业内部与外部环境，在此基础上，结合企业战略，进行战略性人力资源管理的各项实践活动。影响战略性人力资源管理的内外部环境主要有以下几方面。

## 一、外部环境

企业的人力资源和企业的其他资源一样，随着企业的不断发展，也会受到其外部环境和内部条件的制约和影响。近年来，由于社会不断发展和变化，人力资源管理的外部环境也在不断地变化，使人力资源管理面临着前所未有的挑战。

### （一）全球化的影响

经济全球化和一体化使得国与国之间的界限开始变得越来越模糊，一个国家甚至一个地区的经济和社会动荡很快会波及全球，影响到其他国家的安定与发展。世界经济格局的改变对劳动力市场、人力资源的供需规划、企业战略等产生了重大影响。经济全球化要求企业各部门的管理者和人力资源从业者，重新思考人力资源的角色和价值增值问题。另外，全球化的结果是产生更多跨国公司以及国际化的人才流动，组织的管理者将更加关注不同文化背景下的员工管理问题，尤其是怎样吸引、留住、开发、激励一流人才的问题。

### （二）经济和技术变化

经济和技术的变化使职业聘用和就业方式发生了变化。技术进步在提高企业竞争力的同时也改变了工作性质，传统行业逐渐被服务业和信息业所代替，这一转变使组织在员工数量和素质方面都有了更高的要求，一些企业不得不削减员工的数量，同时吸引和留住那些拥有特殊技能和高素质的人才。企业为了应对来自全球的竞争压力，不得不通过各种有效措施来增加自己的竞争力，知识成为企业竞争优势的来源，企业将更加注重员工技能与知识的培养。

技术进步对组织功能的各个层次产生重大影响，人力资源管理工作将面临以下问题：工作和组织结构的重新设计、职位说明书的重新编写、薪酬计划的重新修订、员工的甄选、评价和培训考核计划的改变等。

### （三）法律和法规的完善

在实施人力资源管理的各项实践活动时，必须权衡法律法规的影响。这些法律法规体现在人力资源管理活动的各方面，诸如反就业歧视法、薪酬法、福利法、工人补偿和安全法、劳动合同法等，全面保障员工的利益，规范人力资源管理工作。近年来，随着员工保障意识的增强，越来越多的劳动立法相继出台，并不断完善。企业为了应对这些法律法规，只能不断地根据政策法规来相应调整人力资源管理。

### （四）劳动力市场的变化

劳动力市场是企业人力资源管理的大环境，劳动力市场的供求状况直接影响着人力资源管理的方式和效果。

经济增长和技术进步，导致短缺高质量劳动力，即结构性短缺。劳动力市场的结构性问题意味着在有些情况下并非缺乏就业机会，而是缺乏合格的劳动者。新兴的产业要求高素质和高技能的员工，而现有员工的知识和技能与之差距越来越大。"就业难"和"招工难"的矛盾在不同地区出现，虽属局部现象，但短期内难以消除。这使人力资源管理工作面临着更大的压力。

我国在经历就业迅速扩大和遭遇劳动力市场冲击的同时，就业形势和就业增长方式发生了巨大的变化。我国劳动年龄人口处在上升期，但增长速度在减缓，这并不意味着就业压力会同时减轻，学校教育尤其是高中和大学教育的普及使劳动年龄人口增长减缓对就业的影响要滞后3~7年。

随着中国人口转变的快速完成，劳动力供给压力将会逐渐减小，而劳动力需求将随着经济迅速增长和结构改善不断增加。虽然中国劳动力资源数量优势不会在短期内消失，而且，随着资源在全球范围内的优化配置，劳动力资源这一优势必将进一步转化为经济优势，从而继续为中国经济的持续增长奠定稳定的基础，但劳动力供给压力的减缓必将成为推动劳动力成本上升的动力，过去看似无限的劳动力供给形势将发生根本性的转变，劳动力的无限供给正在远离中国，即"刘易斯转折点"即将到来。

另外，劳动力的年龄和性别结构已经发生了巨大变化。劳动力老龄化已经不只是欧美地区的特有问题，诸如中国等发展中国家在未来一段时间内也面临着人口老龄化问题。另一方面的变化就是妇女就业比例逐渐提高，特别是近年来，许多女性已经成为高层管理者，发挥着重要作用。劳动力性别和年龄结构的巨大变化，使组织的人力资源管理工作同样面临着重要的挑战。

## 二、内部环境

### （一）企业内部资源

"知己知彼，百战不殆"，其中"知己"的基本做法就是分析企业内部资源和能力。

企业资源大致可以分为三类，即有形资源、无形资源和人力资源。有形资源是指企业的物资和资金，包括生产设备、原材料、财务资源、不动产和计算机系统等。无形资源通常包括品牌、商誉、组织文化、技术、专利、商标以及累积的组织经验等。人力资源是人们根据其技能、知识以及推理和决策制定能力向企业提供的生产性服务。企业要对每种资源进行分析和评估，特别是与人力资源有关的内部能力，比如企业人力资源现状、各类专门人才的需求情况、人员素质结构、员工岗位适合度等，以确定企业的优势，制定人力资源战略目标。

## （二）企业文化

企业文化指在企业中长期形成的并为全体员工认同的价值观念和行为准则。它表现为一种具有企业个性的信念和行为方式。每个企业在长期经营过程中都会形成自己独特的企业文化。美国的昆恩（Quimn）教授按照企业对内外环境的认知及其在组织管理上的行为特点，将企业文化分为家族式、发展式、市场式、官僚式四种类型，这四种企业文化分别有不同的特点。其中，家族式企业文化相对来说比较注重人际关系，整个组织如同一个大家庭，彼此之间关心爱护、忠心敬业、发扬企业良好传统。发展式企业文化崇尚相对来说强调创新和敬业，整个组织管理都比较宽松，发展式文化一切以发展和创新为基础。市场式企业文化通常以市场为导向，以企业经营目标为中心，强调员工按时、按质、按量完成工作任务和经营目标。官僚式企业文化规章制度至上，凡事循规蹈矩，要求员工遵纪守法。这样的组织强调组织机构的正规化，企业管理追求稳定性和持久性。这些不同类型的文化对人力资源战略产生不同的影响，企业必须据此制定相应的人力资源战略。[①]

企业文化是企业战略目标的内化，其改变的方向应与企业的战略始终保持一致。人力资源战略作为企业战略的重要组成部分，为企业的战略目标服务，也是根据企业文化的发展方向制定的，因此企业人力资源管理各项实践活动将会随着企业文化的不同而相应改变。

## （三）企业生命周期

企业生命周期理论是关于企业成长、消亡阶段性和循环的理论。企业所处的生命周期阶段会对人力资源战略产生很大的影响。针对不同的周期应采取不同的战略，作为企业战略有机组成部分的人力资源战略也应随之变化。

---

① 刘伟，贾世晟. 人事手册［M］. 北京：中国言实出版社，2004：30.

处在婴儿期的企业，敢于冒险，但由于资金和实力的限制，创业者往往通过招聘已具备公司发展所需技能的人员来解决创业时期的困难，推动公司的发展，而培训和员工发展不是该时期人力资源管理的主要任务，只在必要时才进行。处在成长期的企业，市场不断扩大，需要增加人力资源来满足市场对其产品和服务的需求，这就要增加对人力资本的投资。为了获取所需人才，使企业的人力资源政策更具竞争力，留住优秀员工并为企业员工创造发展机会，必要的人力资源规划和薪酬体系的设计是该时期人力资源管理工作的重点。处在成熟期的企业，组织发展和组织文化逐渐稳定，组织环境不断完善，人力资源管理活动也不断丰富。该时期企业是否拥有完善的薪酬体系以及员工培训和发展计划成为人力资源管理工作的主要焦点。处在衰退期的企业，组织往往通过各种各样的员工退出机制来压缩用工成本，其中主要就是以提前退休激励、关闭工厂等方式来大幅裁员，以伺机重新进入新的行业。

### （四）员工期望

随着经济全球化、技术的信息化和企业资源知识化的发展，人力资源愈来愈成为企业的战略资源。组织必须在无边界的人才流动中确保核心员工的忠诚和承诺，保证一支稳定的员工队伍，以实现人力资源战略的长远性目标，也是战略性人力资源管理的基础。这就要求企业在制定人力资源战略时必须充分考虑员工的心理期望和理想，当其能够得到满足或很大程度上有可能得到满足时，员工才会选择继续留在组织中，这样也才能保证员工队伍的稳定发展，有利于战略性人力资源管理。

# 第三节 战略性人力资源管理体系构建

战略性人力资源管理体系是指企业为了实现组织战略目标而构建的人力资源管理体系。它是一个有机的体系，由战略人力资源管理理念、战略性人力资源规划、战略性人力资源管理核心职能和战略性人力资源管理平台四部分组成。战略性人力资源管理就是通过这四部分的实施来达到获得竞争优势的人力资源配置目的，使人力资源与组织战略相匹配，把人力资源管理提升到战略地位，将人与组织联系起来，通过人力资源管理活动实现组织目标。

## 一、构建战略性人力资源体系的意义

企业经营的成功和战略目标的实现，取决于企业的品牌管理能力、产品研发能力、市场营销能力、客户服务能力、业务成本控制能力、生产制造能力、财务管理能力、信息技术能力以及资源获取和整合能力等多种因素，但这些能力的获得和形成最终都是由人力资源能力来支撑和实现的。因此，企业经营的成功和企业战略目标的实现，首先是人力资源管理的成功。企业人力资源能力是其持续发展的核心竞争力，因此，构建战略性的人力资源管理体系是保证企业战略目标实现的前提和基础，是企业人力资源核心竞争力形成的必要条件。

## 二、战略性人力资源管理体系构成

战略性人力资源管理体系由战略性人力资源管理理念、战略性人力资源规划、战略性人力资源核心职能、战略性人力资源管理平台四部分构成。其中，战略性人力资源管理理念是灵魂，企业以此来指导整个人力资源管理体系的建设；战略性人力资源规划是航标，指明人力资源管理体系构建的方向，战略性人力资源管理体系是通过人力资源战略规划来实现人力资源与企业战略的匹配；战略性人力资源核心职能是手段，通过人力资源核心职能的建设来打造实现组织战略所需要的核心人才团队，并以此确保理念和规划在人力资源管理工作中得以实现；战略性人力资源管理平台是基础，在此基础之上才能构建和完善战略性人力资源管理职能，保证战略性人力资源管理体系运行的持续改进与完善。

### （一）战略性人力资源管理理念

战略性人力资源管理理念视人力为资源，认为人力资源是一切资源中最宝贵的资源。认为企业的发展与员工的职业能力的发展是相互依赖的，企业鼓励员工不断提高职业能力以增强企业的核心竞争力，而重视人的职业能力必须先重视人本身，把人力资源提升到了资本的高度，一方面通过投资人力资本形成企业的核心竞争力，同时，人力作为资本要素参与企业价值的分配。

战略性人力资源管理认为开发人力资源可以为企业创造价值，企业应该为员工提供一个有利于价值发挥的公平环境，给员工提供必要的资源，赋予员工责任的同时进行相应的授权，保证员工在充分的授权内开展自己的工作，并通过制定科学有效的激励机制来调动员工的积极性，在对员工能力、行为特征和绩效进行公平评价的基础上给予相应的物质激励和精神激励，激发员工在实现自我价值的基础上为企业创造价值。

### （二）战略性人力资源规划

传统的人力资源规划是对企业人员流动进行动态预测和决策的过程，任务是预测企业发展中人力资源供给与需求状况，并制定出相应措施，确保企业在需要的时间和需要的岗位上获得所需的合格人员，以实现企业发展战略，完成生产经营目标。在规划过程中，重点放在人力资源规划的度量上，也会适当注重人力资源规划和其他规划的一致性和协同性。

战略性人力资源规划，吸取了现代企业战略管理研究和战略管理实践的重要成果，遵循战略管理的理论框架，高度关注战略层面的内容。把传统意义上聚焦于人员供给和需求的人力资源规划融入其中，同时更加强调人力资源规划和企业的发展战略相一致。在对企业内外部环境和现状理性分析的基础上，明确企业人力资源管理所面临的挑战以及现有人力资源管理体系的不足，清晰勾勒出符合企业战略目标的人力资源远景目标、人力资源管理目标以及与企业未来发展相匹配的人力资源管理机制，并制定出能把目标转化为行动的可行措施以及对措施执行情况的评价和监控体系，从而形成一个完整的人力资源战略系统。战略性人力资源规划是构建战略性人力资源管理体系的纲领和行动指南，因此制订科学的战略性人力资源规划是非常关键和重要的。

## （三）战略性人力资源管理核心职能

战略性人力资源管理核心职能包括人力资源配置、人力资源开发、人力资源评价和人力资源激励四方面职能，从而构建科学有效的"招人、育人、用人和留人"的人力资源管理机制。

### 1. 战略性人力资源配置

战略性人力资源配置的核心任务是基于公司的战略目标来配置所需的人力资源，以组织的职位分析、任职资格体系和素质模型为基础，系统地建立人力资源的进入、配置以及内部再配置的动态运行机制。通过机制的有效运行，引进满足战略要求的人力资源，对现有人员进行职位调整和职位优化，建立有效的人员进入和退出机制，通过人力资源配置实现人力资源的合理流动。这就需要建立战略性的人才获取与储备体系，依据战略要求进行人才招聘、甄选和储备，建立科学的人才甄选标准和流程，并对人员进行有效的人力资源调整与配置，形成优势互补、结构合理的高绩效人才队伍。

战略性的人力资源配置要符合企业整体战略和共同愿景并且要与企业外部环境相适应，包括适应现在环境的变化以及未来环境的发展变化和趋势，使企业人力资源配置与行业关键能力相匹配。通过科学的人力资源配置为企业战略的实施提供人才保障和支撑。

### 2. 战略性人力资源开发

战略性人力资源开发的核心任务就是对企业现有人力资源进行以战略与核心能力为导

向的开发和培养，保证满足企业战略的需要和维持企业竞争优势。战略性人力资源培训和开发培养员工技能和能力的同时，通过制订领导者继任计划和员工职业生涯规划来保证员工和公司的同步成长。

战略性人力资源开发应该通过创建学习型组织，搭建全方位的培训开发体系和人才梯队建设体系，对员工进行开发和培训，并依据企业发展现状及现有人员能力现状，制订各类员工的职业生涯规划，设计相应的培训体系，同时在实施中进行动态调整，满足各类人员在职业生涯不同发展阶段的成长需要，以提升人才队伍能力，促进企业战略目标的实现。

人力资源对企业核心能力和竞争优势的支撑，从根本上取决于员工为客户创造价值的核心专长与技能。战略性人力资源开发的使命是培养和提升员工的核心专长与技能，同时推动组织发展和企业管理水平的提升。

### 3. 战略性人力资源评价

战略性人力资源评价的核心任务是指根据一定的目的、程序，并采取一定的方法对企业员工的素质能力和绩效表现进行客观的评价。一方面，评价保证企业的战略目标与员工个人绩效得到有效结合，另一方面，评价为企业对员工激励和职业发展提供可靠的决策依据。战略性人力资源评价是有效实施人力资源开发与管理，以及有效实施激励制度的基础和依据。

### 4. 战略性人力资源激励

战略性人力资源激励的核心任务是依据企业战略需要和员工的绩效结果对员工进行激励，通过制定科学的薪酬体系和长期激励措施来激发员工充分发挥其潜能，在为企业创造价值的同时实现自己的价值。战略性人力资源激励能提高员工的工作积极性及其对企业的认同感和满意度，又能充分挖掘员工的潜力，提高员工的工作效率，确立并保持企业的核心竞争力。

人力资源激励的依据是价值评价，激励的手段是价值分配，而激励的目的在于使企业价值的创造者发挥主动性和创造力，从而为企业创造更多的价值。因此，企业只有建立起科学的价值评估体系和价值分配体系，才能形成有效的激励机制和沟通机制，从而推动企业各层级员工为企业创造更多的价值。

### （四）战略性人力资源管理平台

战略性人力资源管理职能的有效发挥需要组织为人力资源管理提供一个必要的平台，

这个平台包括人力资源专业队伍、人力资源组织环境、人力资源专业化建设和人力资源基础建设四方面，为构建战略性人力资源管理体系提供相应的组织保证和专业能力。

### 1. 人力资源专业队伍

人力资源专业队伍是构建战略性人力资源管理体系的重要保障。战略性人力资源管理对人力资源专业队伍有着较高的要求，对人力资源部门进行合理的定位，明确界定人力资源部门的职责和职权，对人力资源专业人员的能力和素质有着严格的要求，同时对直线经理参与和配合人力资源管理也做出明确的要求，从各方面保证人力资源专业队伍能成为构建战略性人力资源管理的人力基础，为有效实施人力资源管理职能奠定专业基础。

### 2. 人力资源组织环境

组织是战略性人力资源管理体系运行的基础，合理的组织环境是构建战略性人力资源管理体系的重要外部条件。因此，它的持续有效运行要求从公司战略出发，设计出一套适合公司战略需要的组织结构，并细化每个职位的设置和人员设置，根据公司外部环境进行优化，为公司构建战略性人力资源体系提供相应的组织环境和保证。

### 3. 人力资源专业化建设

人力资源专业化建设是构建战略性人力资源管理系统体系的专业保障。战略性人力资源管理通过专业化建设为有效实施人力资源管理的职能奠定专业基础，人力资源的专业化建设内容包括：组织系统的岗位分析以明确每个岗位的工作职责、工作职权、工作条件和任职资格；根据公司业务和职位特征设定相应的定员标准；组织系统的岗位评价，作为制定薪酬的重要依据；根据公司战略需要和岗位类别开发出相应的素质和能力模型。

### 4. 人力资源基础建设

人力资源基础建设是战略性人力资源管理体系正常运行的基本保障。战略性人力资源管理是一个庞大的系统，要保证这个系统能够得到正常运行还需要建立一个与之相适应的基础管理体系，包括通过建立人力资源管理信息系统，高效地为各项人力资源管理活动提供客观的信息，开展日常的事务性工作，保证人力资源管理系统体系的有效运行。

战略性人力资源管理体系是实现企业战略目标的重要保证。通过战略性人力资源管理体系四个有机构成部分的协同运作，支持和推动企业战略目标的实现，为企业的可持续发展创造人力资源竞争优势。

# 第四节　战略性人力资源管理的实施策略

　　人力资源是决定企业发展的重要因素，越来越多的企业管理者开始重视人力资源管理，通过招聘人才、建立系统化的培训机制、完善薪酬机制等多种方式来加强自身人力资源建设。人力资源管理是现代企业稳定发展的基石，而战略性人力资源管理是企业为了实现自身战略目标，对人力资源进行部署、对企业活动进行管理的一种行为，在企业发展战略中占有非常重要的地位，是企业人力资源管理最重要的组成部分之一。因此，如何有效实施战略性人力资源管理是现代企业管理者们需要重视的问题。

## 一、实施战略性人力资源管理的必要性

### （一）掌握外部竞争环境

　　企业在实施战略性人力资源管理的过程中，需要对外部竞争环境进行全面了解，结合自身实际情况对人力资源进行部署和管理，使人力资源管理方案与企业的发展战略相契合。企业的战略性人力资源管理与市场外部人才竞争环境密切相关，如果外部人才市场供应充足，那么企业的战略性人力资源管理方案可以更倾向于降低人工成本；如果外部人才市场供应紧张，那么企业则要考虑采取更好的人才吸引方案。

### （二）强化内部发展需求

　　战略性人力资源管理是企业强化内部管理、提升发展水平的根本。企业拥有良好的人力资源管理能力，有利于提升企业综合管理水平，推动企业内部发展。

### （三）促进高质量管理建设

　　企业要想组建高质量的管理团队，开展战略性人力资源管理是关键。在战略性人力资源管理模式下，企业能够根据实际运营和管理需求配置相关人才，保证管理团队无论是专业能力还是管理水平，都能够满足企业发展需要，进而顺利实现企业的整体战略目标。

## 二、企业战略性人力资源管理的发展趋势

### （一）资源匹配

企业根据现有资源，制订战略性人力资源发展规划，能够更好地利用资源展现企业优势，实现人力资源管理目标，并确保企业优势与战略性人力资源管理水平相辅相成。因此，企业在实施战略性人力资源管理的过程中，需要不断积累优势资源，全面提升自身资源实力，这样才能获得长期稳定的发展。

### （二）集中管理

企业要想更好地提升战略性人力资源管理效果，需要对人力资源进行集中管理。企业要根据自身发展战略对所需的人员进行集中统筹配置和管理，最大限度提升人力资源整体的综合实力，为战略性人力资源管理提供可靠的基础。

### （三）体系化

体系化是指企业在开展战略性人力资源管理时需要强调体系管理，从上至下实现全面发展，这对于加快战略性人力资源发展、提升人力资源管理效果具有积极的意义。企业需要根据自身运营情况，制订与之对应的人力资源管理方案，这对于提升管理效果具有积极意义。

### （四）重点管理

重点管理是指企业在开展战略性人力资源管理的过程中，需要重点关注、管理关键项目，只有这样才能满足企业战略性人力资源管理发展需要。为此，管理者需要对影响战略性人力资源管理的关键因素进行全面分析，并进行重点管理，以更好地实现战略性人力资源管理效果。

### （五）竞争性发展

竞争性发展是指在战略性人力资源管理发展的过程中，企业需要面临外部环境竞争，管理者要充分考虑市场的竞争性，合理提升员工薪资待遇，从而提高自身的外部薪酬竞争力，吸引更多人才加入企业。

## 三、实施战略性人力资源管理的有效策略

### （一）强化全过程绩效管理意识

企业管理者要想提升战略性人力资源管理效果，就要开展全过程绩效管理工作，把企业的发展战略与员工绩效紧密结合在一起，通过有效的绩效管理，最大限度提升企业人力资源管理效能。企业在实施全过程绩效管理的过程中，首先，要明确绩效考核目标、考核形式等；其次，要根据自身发展的战略性要求，设置与之相符的绩效考核指标，确保指标符合具体岗位的工作内容；最后，要按照规则、流程等有侧重地开展绩效考核，并加强过程监督，进而才能够实现全过程绩效管理，最大限度发挥人力资源价值。另外，企业管理者还要从思想层面上充分认识到全过程绩效管理对于企业实施战略性人力资源管理的作用，重视流程管理，全面提升企业战略性人力资源管理的综合效能，为企业全面发展以及综合实力的增强，创造良好的环境。

### （二）建立战略导向的薪酬管理机制

企业通过建立战略导向的薪酬管理机制，可以实现企业战略发展与人力资源管理全面、深度融合的目的。目前，很多企业的薪酬管理机制与企业战略脱节，导致员工工作缺乏目标、缺乏激励，甚至造成人才流失。为此，企业需要建立以战略为导向的薪酬管理机制，根据企业整体发展战略制订与之匹配的薪酬管理方案，保证企业人员的综合能力、付出与回报，能够与企业最终的发展战略匹配，进而增强企业经营管理实力。另外，企业还要在建立以战略为导向的薪酬管理方案的基础上，明确岗位职责，培养员工在工作中拥有战略导向意识，围绕战略发展目标开展具体工作，提高个人绩效水平，在推动企业战略发展的基础上，实现个人薪酬水平的提升。

### （三）完善效益导向的激励管理体系

企业开展人力资源管理的直接目的，是为了更好地提升管理者的管理积极性以及员工的工作积极性，进而提高企业效益、推动企业发展。然而，很多情况是，虽然企业通过激励提高了员工的积极性，但是企业经济效益并没有得到改善。因此，企业要实施战略性人力资源管理，完善以效益为导向的激励管理体系。

首先，企业要制订以效益为导向的激励管理方案，以提升企业经济效益为最终目标，对员工开展全面激励，增强员工的工作积极性和团队稳定性。其次，企业要使员工充分认

识到企业效益对其个人发展的重要性，引导员工把个人工作与企业效益紧密地融合在一起，使员工在工作的过程中自觉关注企业效益。

### （四）优化人员配置标准

企业要根据发展战略制定人员配置标准，使之在满足企业运营需求的基础上，满足企业战略发展需要。目前，很多企业的人员是根据当前的工作需要而配置的，这导致人才队伍只能满足企业当前任务需求，一旦企业内部、市场、行业等发生变化，则难以良好应对，无法支持企业的战略发展。因此，企业需要优化人员配置标准，结合整体发展战略，配置与企业发展需要相配套的人力资源，并提升人力资源管理水平。

### （五）注重人才规划

企业需要关注人才规划，为每个员工进行全面的职业发展规划，使其明确自身职业发展道路，并沿着正确的方向努力。为了实现更科学的人才规划，企业要对人才的实际需求进行全面了解，进而为其指明适合其发展的职业道路，调动其工作积极性，并通过有针对性的培养，提高人才综合素质，促其实现个人职业发展目标。

### （六）加强人才梯队建设

为了实施战略性人才资源管理，企业需要关注人才梯队建设。为此，企业需要深入分析每名员工的性格特征、专业能力、职业素养等，为不同类型的人员制订不同的培养计划，让每个员工都能跟上工作节奏，发挥所长，满足企业发展战略需求。为了提升培训效果，企业在开展人才培养的过程中，还要注重培训的系统性与持续性。企业可针对不同人员的未来发展需求，制定差异化的、系统性的培训课程，并将理论讲授与实践操作结合起来，全面提升员工的综合素质，提高企业战略性人力资源管理的效能。

战略性人力资源管理效能直接关系着企业的生存与发展。企业需要加强绩效管理，建立以战略为导向的薪酬管理机制，完善绩效导向的激励管理体系，优化人员配置标准，注重人才规划，加强人才梯队建设，进而实现企业战略性人力资源管理目标，促进企业发展。

# 参考文献

［1］曹子祥.曹子祥教你做激励性薪酬设计［M］.北京：企业管理出版社，2016.

［2］陈葆华.现代人力资源管理［M］.北京：北京理工大学出版社，2017.

［3］邓斌.基于大数据背景下人力资源管理模式创新研究［M］.长春：吉林人民出版社，2020.

［4］董嘉.DL公司员工职业生涯管理体系的建构与实施研究［D］.广州：华南理工大学，2013.

［5］方雯.工作分析与职位评价［M］.西安：西安电子科技大学出版社，2017.

［6］郭崇禄.基于大数据的企业人力资源管理信息化建设探讨［J］.全国流通经济，2022，2339（35）：105-108.

［7］韩泳.实施战略性人力资源管理的有效策略［J］.人力资源，2022，511（10）：144-145.

［8］郝倩，陈冬方，周丽彦.人力资源管理［M］.成都：四川科学技术出版社，2016.

［9］洪德山.试论人力资源管理者的角色定位［J］.辽宁行政学院学报，2012，14（07）：108-109.

［10］蓝明珠.基于企业战略的人力资源规划［J］.上海商业，2021，514（12）：92-93.

［11］李佳明，钟鸣.21世纪人力资源管理转型升级与实践创新研究［M］.太原：山西经济出版社，2021.

［12］林雪莹，王永丽.人力资源管理 理论、案例、实务［M］.北京：中国传媒大学出版社，2016.

［13］刘琴琴，戴剑.新常态下的人力资源管理 战略，体系和实践［M］.上海：上海财经大学出版社，2017.

［14］刘群慧.社会工作人力资源开发与管理［M］.北京：中国经济出版社，2016.

［15］刘燕，曹会勇.人力资源管理［M］.北京：北京理工大学出版社，2019.

［16］罗振军.七步打造完备的绩效管理体系［M］.哈尔滨：哈尔滨出版社，2006.

［17］穆胜.人力资源管理新逻辑［M］.北京：新华出版社，2015.

[18] 彭良平. 人力资源管理 [M]. 武汉：湖北科学技术出版社，2021.

[19] 朴愚，顾卫俊. 绩效管理体系的设计与实施 [M]. 北京：电子工业出版社，2006.

[20] 钱玉竺. 现代企业人力资源管理理论与创新发展研究 [M]. 南方传媒；广州：广东人民出版社，2022.

[21] 邵诗卉. 浅谈构建以战略管理为导向的人力资源管理体系 [J]. 现代商业，2017，463（18）：74-75.

[22] 水藏玺. 人力资源管理体系设计全程辅导 [M]. 3 版. 北京：中国经济出版社，2022.

[23] 孙延明，宋丹霞，张延平. 工业互联网：企业变革引擎 [M]. 北京：机械工业出版社，2021.

[24] 唐志红. 人力资源招聘·培训·考核 [M]. 3 版. 北京：首都经济贸易大学出版社，2017.

[25] 王静. 大数据时代企业人力资源培训与开发 [J]. 商业文化，2021，513（24）：98-99.

[26] 王凯霞. 大数据时代企业人力资源管理模式构建与机制创新研究 [M]. 北京：北京工业大学出版社，2018.

[27] 王丽莹，潘淑贞. 人力资源培训与开发 [M]. 广州：华南理工大学出版社，2011.

[28] 王宁. 企业薪酬体系优化的原则与措施探讨 [J]. 企业改革与管理，2022，424（11）：64-66.

[29] 王文成. 企业人力资源管理的重点问题与价值新方向 [M]. 北京：中国商务出版社，2016.

[30] 王玺. 最新企业薪酬体系 [M]. 北京：中国纺织出版社，2004.

[31] 温晶媛，李娟，周苑. 人力资源管理及企业创新研究 [M]. 长春：吉林人民出版社，2020.

[32] 杨姗姗，王祎，樊洪深. 互联网时代人力资源生态管理研究 [M]. 长春：吉林人民出版社，2020.

[33] 易南. 世界 500 强人力资源总监管理笔记 [M]. 北京：中国商业出版社，2018.

[34] 喻德武. 互联网+人力资源管理新模式 [M]. 北京：中国铁道出版社，2017.

[35] 张舰. 人力资源管理 [M]. 北京：国防工业出版社，2013.

[36] 张琳. 企业人力资源管理中绩效考核制度的应用途径 [J]. 商场现代化，2022，979（22）：101-103.

[37] 张攀科. 职业生涯开发导向的职位分析与设计 [J]. 河南科技, 2010, 441 (07)：26-27.

[38] 张同全. 人力资源管理 [M]. 沈阳：东北财经大学出版社, 2018.

[39] 张文仙, 王鹭. 新时代背景下企业人力资源管理研究 [M]. 长春：吉林大学出版社, 2019.

[40] 朱勇国. 职位分析与职位管理体系设计 [M]. 北京：对外经济贸易大学出版社, 2010.

[41] 朱勇国. 组织设计与职位管理 [M]. 北京：首都经济贸易大学出版社, 2010.

[42] 诸葛剑平. 人力资源管理 [M]. 杭州：浙江工商大学出版社, 2020.

[43] 祝剑鹰. 员工培训模式与人力资源开发效果关系分析 [J]. 投资与创业, 2022, 33 (17)：116-118.